Mommy Book

Life, Memory, Love, and Dream of my Mommy...Family Healing Book

INNOVER KOREA
이/노/버/코/리/아

Mommy Book

How much do you know about your Mommy?

To.

From.

Date.   .   .

■ 책 소개
Introduction

우리는 엄마에 대해 얼마나 알고 있을까?

우리가 모르는 과거의 엄마는 어떤 모습이었을까?

아빠도 몰랐던 엄마의 이야기 <Mommy Book> : 마미북

그동안 몰랐었던 엄마의 모습을 엄마가 직접 알려주는 책

출판사 INNOVER KOREA의 첫 번째 결과물 〈Daddy Book. 대디북〉에
이어, 두번째 결과물〈Mommy Book. 마미북〉을 통해 엄마와 소통의
메시지를 주고받는다. 우리가 기억하고 있던 엄마의 모습은 언제부터의
모습이었을까? 그동안 묻지 않고 듣지 않아 몰랐던 가슴속 깊은 곳의
이야기를 전하는 시간을 누려보자. 지금까지 우리가 전해 듣지 못했던
엄마의 소녀 시절부터 꿈과 사랑, 청춘과 현재, 가족과 미래에 관한 소중
한 이야기들을 엄마가 직접 들려줄 것이다.

How well do we know about our mothers?
How was she like in the past?

<Mommy Book>: A story of mommy that even daddy didn't know about.
This is a mothers' self-story telling book about herself that we were not
aware of until now.
If you had a chance to share conversations with your children from deep
down inside you through <Daddy Book>, <Mommy Book> is the second
publication by 'INNOVER KOREA' that would enable you to communicate
with our own mothers. Mommy will share the priceless stories about her
own dreams, love, youth, present, family and the future with you.

가정을 탄생시키는 엄마로서의 삶에 대한 고충에 공감하면서도, 쑥스러워서 혹은 기회가 닿지 않아 엄마에게 감사와 사랑의 표현을 못하는 자녀들에게 이 책은 또 하나의 특별한 추억을 만들어 줄 것이다.

친구이자 후원자 또는 인생의 선배가 되어주셨던 우리의 엄마.

〈Mommy Book.마미북〉은 엄마의 이야기와 생각들, 우리들이 잊고 지내던 시간들을 공유하고 소통하는 첫걸음이 될 것이다.

엄마가 직접 저자가 되는, 직접 쓰는 책

이 책을 구입한, 또는 이 책을 선물 받은 엄마는 가장 마음에 드는 필기도구를 준비하자. 그리고 자녀는 엄마로부터 답을 듣고 싶은 질문들에 미리 체크를 해 두자. 엄마는 질문들을 하나하나 천천히 읽어가면서 원하는 방식대로 답하면 된다. 엄마가 손수 작성한 이 책은, 훗날 자녀들에게 또 다른 의미가 담긴 큰 선물이 될 것이다. 감동적이고 따뜻한 질문들과 때로는 유쾌하면서도 사랑이 가득 담긴 질문들이 가득한 이 책은 직접 저자가 되어보는 엄마에게도 특별한 경험을 선사할 것이다.

엄마들에게

Mommy Book을 펼쳐든 당신,
질문들만 있다고 당황해 하진 마세요.

〈질문들에 대한 답은 엄마의 몫〉

이 책의 진짜 저자는 Mommy, 엄마인 당신입니다.
온·오프라인 설문과 SNS를 통해 모인 자녀들이 '엄마에게 궁금해하는 때로는
장난스러운, 다른 한편으로는 진지한 질문들'이 당신을 기다리고 있어요. '엄
마'는 태어날 때부터 엄마인 줄로만 알았던 자녀들에게 당신의 어린 시절
부터 아빠와 연애하던 젊은 시절의 이야기, 자녀들에게 알려주고 싶었던 엄
마의 이야기들을 꾹꾹 눌러 적어 전해 주세요.

이 많은 답을 언제 완성하지?

Mommy Book은 당신에게 주어진 숙제가 아닙니다. 당장 완성할 필요도 없
고 스트레스받을 필요도 없습니다. 바쁜 당신을 위해 서랍 안에서 몇 날 며
칠 당신을 기다려 줄 수도 있습니다. 모든 질문이 이 세상 모든 엄마에게 해
당되는 것은 아니겠지요. 때로는 공감하지 못할 질문들이 엄마 앞에 등장할
지도 모릅니다. 그럴 땐 간직하고 싶은 사진을 준비해 주세요. 그리고 과감히
그 페이지를 앨범으로 만들어 보세요. 책장 깊숙한 곳에서 먼지 쌓여 있던 앨
범을 꺼내 사진을 고르는 동안 피어날 이야기들은 Mommy Book이 당신에
게 드리는 또 하나의 선물입니다.

사용설명서
Instructions

자녀들은 엄마 아빠에게, 그리고 엄마 아빠는 자녀들에게
마음을 표현하고 알려주세요.

자녀들이 엄마와 아빠에게 Mommy Book과 Daddy Book을 선물해 주
세요. 엄마아빠에게 궁금했지만 물어보지 못했던 말들이 있지는 않았나
요? 부모님께 관심이 없어서가 아니었다고, 실은 많이 궁금했다고 이 책
을 통해 표현해 주세요. 그리고, 엄마와 아빠가 작가가 되어 정성스레 답
을 하고, 하고 싶은 이야기들을 적어 자녀에게 다시 선물해 보세요. 평생
소중히 간식하게 될 세상 단 한권 뿐인 책이 될거예요.

"아빠와 엄마는 이렇게 자랐고 이런 순간도 있었으며, 이런 생각을 한단다."
라고 지금까지 하지 못했던 마음 속 이야기들을 진솔하게 적어서 전해
주세요. 무심한 듯, 그냥 툭 건네줘도 좋아요. 한참의 시간 동안 그 자리
에 있어도 좋고요. 책을 건네는 순간부터 엄마와 자녀의 진정한 소통이
시작될 거예요.

2014년 09월 18일 Daddy Book & Mommy Book 편집부

How to use 'Mommy Book'
마미북 작성법 I

Question

023

'자녀의 체크란'
엄마에게 답을 꼭 듣고 싶은
질문에 체크하세요.

엄마가 20대에 해 본 것 중
저도 꼭 해봤으면 하는 경험은?

*Mommy, what are some experiences
you had in your twenties that you would like me to do?*

A. --

원하는 선택지가 없을 땐,
엄마만의 답을
추가해도 좋아요.

☑ 여 행   ☐ 연 애

☐ 취미활동   ☐ 결 혼

☑ 아르바이트   ☐ 기 타 :   해당 답변에 체크하세요.

■ 이유는?

작성날짜 표기란

Date. 20

How to use 'Mommy Book'
마미북 작성법 Ⅱ

해당 사항이 없는
질문에 사진을 붙여
스크랩북으로 만드세요

Question

024

□

지금 제 나이 때의
엄마의 모습은 어땠나요?

Mommy, how did you look like
when you were at my age?

A.

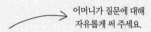

어머니가 질문에 대해
자유롭게 써 주세요.

009

글쎄다, 네가 믿을지는 모르겠지만 엄마가 젊을 땐 인기가 되게
많았어서 할머니 눈을 닮아 눈이 큰 편이었는데, 요즘에야 뭐 눈이
크건 작건 개성 있고 예쁘기만 하면 다 좋다고들 하지만
그때 당시에는 눈이 큰 게 여성으로서 굉장히 큰 포인트가 됐었거든.
또 지금은 좀 나아지셨지만, 할아버지가 굉장히 엄하셨다?
여자는 항상 조신해야 된다며 결음걸이, 말씨 하나하나
다 잔소리 하시는데, 그게 몸에 베어서인지 엄마가 조신한 매력도
넘쳤지 않았나 싶다. 또 모르지, 아빠가 볼 때 엄마가
또 다른 매력들을 가지고 있었는지도?

Table of Contents

I Love You, Mommy

엄마, 사랑합니다

Mommy's Profile

엄마의 프로필

- 이 름

- 한 자

- 생년월일   년   월   일

- 혈액형   □ A   □ B   □ AB   □ O

- 몸무게/키   (   ) kg   (   ) cm

- 신발사이즈   (   ) mm

- 콤플렉스

- 본적 or 고향

- 직 업

- 종 교

- 결혼기념일   년   월   일

Mommy's Day

01

소녀,
엄마의 추억

Mommy as a girl

Scrap. 01

엄마의 어린 시절 추억이 담긴 사진을 붙여주세요.
Paste a picture of Mommy's childhood.

Date. . .

001

□

엄마의
소녀 시절 모습은 어땠나요?

Mommy,
what were you like in your girlhood?

A.

말괄량이,   말썽꾸러기,

우등생,   모범생,   문제아,   반항아,

조용한,   활발한,   영재,   사교성이 뛰어난,

부끄러움을 잘 타는,   내성적인,   소심한,

얌전한,   여성스러운,   뛰어노는 걸 좋아하는,

사내아이같은,   예의바른,   독립적인,   성실한,

산만한,   유쾌한

Date. 20   ·   ·

한 여자에 대해 생각해봐. 그 여자는 네가 자기에 대해 생각하는지 몰라.
네가 그 여자 생각을 하든 말든 상관 안해. 그러면 넌 더욱 더 그 여자 생각을 하게되지.
마틴 세이지 (Martin Sage)

002

□

엄마는 초등학생 때
어른이 되면 뭐가 되고 싶었어요?

Mommy, what did you want to be
when you grow up while you were in elementary school?

A.

Date. 20 .   .

성장의 가장 중요한 원리는 사람 선택에 있다.
조지 앨리엇 (George Eliot)

003

□

엄마의 소녀시절,
가장 갖고 싶던 물건은?

*Mommy, what was the one thing that
you really wanted to have when you were a little girl?*

A.

Date. 20 . .

추억은 일종의 만남이다.
칼릴 지브란 (Khalil Gibran)

004

□

엄마의 어릴 때와
제 어릴 적 모습은 어떤 점이 비슷했나요?

*Mommy, how similar were you from me
when you were a girl?*

A.

- 성격 :

- 습관 :

- 외모 :

- 취향 :

- 알레르기 :

- 기타 :

Date. 20   .   .

우리는 나이가 들면서 변하는 게 아니다. 보다 자기다워지는 것이다.
린 홀 (Lynn Hall)

005

□

엄마의 사춘기는 어땠나요? 그 당시 엄마가 했던 최고의 일탈은 무엇이었어요?

Mommy, how was your adolescent days?
What was your best break away at that time?

A.

■   언제였나요?

■   그 시절 최고의 일탈 사건

Date. 20   .   .

젊은이가 꾸미는 것을 비웃지 말라.
그는 그저 자신의 얼굴을 찾기 위해서 하나 하나 차례로 걸쳐 보고 있는 것이다.
로건 피어설 스미스 (Logan Pearsall Smith)

006

□

학창시절부터 현재까지
엄마의 가장 친한 친구는 누구예요?

Mommy,
who is your best friend from your school days till now?

A.

■ 이름 :

■ 만난 시기 :

■ 연락처 :

Date. 20 .   .

인생에서 성공하려거든 끈기를 죽마고우로,
경험을 현명한 조언자로, 신중을 형님으로, 희망을 수호신으로 삼으라.
조지프 애디슨 (Joseph Addison)

007

□

학창시절에 가장 좋아하던 과목과 싫어하던 과목은 무엇인가요?

Mommy, what was your favorite subject?
What subject did you dislike the most?

A.

■ 좋아했던 과목

■ 싫어했던 과목

Date. 20 · ·

우리는 젊을 때에 배우고 나이가 들어서 이해한다.
마리 폰 에브너 에센바 (Marie Ebner Von Eschenbach)

008

□

엄마의 학창시절
가장 기억나는 에피소드는?

Mommy, what is the most
memorable episode from your school days?

A.

Date. 20   .   .

젊음은 한때 이지만, 철없음은 영원할 수 있다.
데이브 배리 (Dave Barry)

009

□

어린 시절 친구들 사이에서
엄마의 별명은 무엇이었나요?

*Mommy, what was your nickname among your friends
when you were a little girl?*

A.

■ 이유는?

Date. 20   .   .

친구를 갖는 다는 것은 또 하나의 인생을 갖는 것이다.
발타자르 그라시안 (Baltasar Gracián y Morales)

010

□

엄마의 학창시절 가장 좋았던
학업성적은 반에서 몇 등이었어요?

Mommy,
what was your best rank in class?

A.

□　(　)명 중에서 (　)등

□　비밀이다

Date. 20　　　·　　　·

굳은 결심은 가장 유용한 지식이다.
나폴레옹 보나파르트 (Napoléon Bonaparte)

011

□

엄마의 10대시절
공부 외에 꼭 하고 싶던 것이 있었나요?

Mommy, what did you want to do
besides from studying when you were a little girl?

A.

Date. 20 . .

돌아가 보라. 당신이 더 어렸을 때 당신을 행복하게 만들었던 것들을 찾아보라. 우리 모두는 다 큰 아
이들이다. 그러므로 우리는 돌아가서 자신이 사랑했던 것과 진실이라고 믿었던 것을 찾아 봐야 한다.
오드리 햅번 (Audrey Hepburn)

012

□

엄마에게도
사춘기가 있었나요?

Mommy,
do you remember your age of puberty?

A.

■ 어떻게 해결 하셨어요?

Date. 20 . .

인생은 과감한 모험이던가, 아니면 아무 것도 아니다.
헬렌켈러 (Helen Keller)

013

☐

엄마는 아침에
잠 더 자고 싶을 때 어떻게 했어요?

Mommy, how did you manage to wake up
when you were so sleepy in the morning?

A.

☐   더 자기위해 버틴다

☐   억지로라도 일어난다

☐   할머니 할아버지가 깨웠다

☐   기타 :

Date. 20   .   .

지나친 휴식은 녹이 슨다.
월터 스콧 (Walter Scott)

014

□

엄마의 10대 시절
할머니한테 가장 많이 듣던 잔소리는?

Mommy, what was the most scolding that
you heard from grandmother when you were young?

A.

        □   공부해라

        □   씻고 자라

        □   일찍일찍 다녀라

        □   인사 잘 해라

        □   방 청소좀 해라

        □   기타 :

Date. 20   .   .

어머니의 사랑을 듬뿍 받고 자란 사람은 평생 동안 정복자와 같은 느낌을 갖게 된다.
그리고 성공에 대한 그런 확신이 실제로 성공을 가져다 주기도 한다.
지그문트 프로이트 (Sigmund Freud)

Talking about My Mommy

김유신 35세/남 외국계회사 기획팀 과장

대학교 유학생활 중 1학년 1학기가 막 지났을 때, 아버지가 뇌졸중으로 쓰러지셨다는 전화를 받았습니다. 당연히 귀국하고 아버지를 찾아 뵙는 것이 도리였지만, 부모님께서는 아무 걱정하지 말고 학업에 열중하라며 저의 귀국을 만류하셨습니다. 그 이후, 아버지는 7년이라는 긴 시간 동안 투병생활을 하셨고, 하늘나라로 가시던 그 순간까지 어머니께서는 아버지 옆을 지켜주셨습니다. 본인의 일생을 장손 집안의 살림과 우리 5남매 뒷바라지로 희생하신 우리 어머니. 얼굴과 손에 가득한 주름살 하나하나가 모두 저 때문인 것만 같아 마음이 너무 아픕니다. 회사 일을 핑계로 자주 찾아 뵙지 못해 간간이 드리는 전화에도, 항상 정답게 "아들~"하며 절 불러 주시는 그 목소리 오래오래 듣고 싶습니다. 이번 주말에 찾아 뵐게요, 엄마~

이진영 24세/여 대학생

자식을 다 키우고 나서야 자신을 돌아보는 묵묵한 사람, 엄마 평생 자신의 행복은 뒤로 한 채 자식들의 행복만 바라면서 희생해 온 안타까운 이름. 얼굴도 모르는 낯선 이에게 시집가 자식을 낳고, 자기 몸 하나 챙길 겨를 없이 늘 하루가 모자랐던 그녀. 너무 늦게 알았다. '엄마'도 꾸미고 싶어 하는 여자였다는 것을, 엄마이기 전에 그녀도 한 어머니의 딸이었음을. 우리는 '엄마'에게 어떤 존재일까? 늘 당연히 '엄마'라는 기둥 아래서 일방적으로 기대고 의지하지는 않았을까? 왜 한 번이라도 '엄마'가 한 여자의 사랑스러운 자식이라는 생각을 해 본 적이 없었을까? 늘 다 참아주기를 바라며, '엄마'라면 당연히 자식을 감싸야 한다는 생각에 휘둘려 살던 내가 참 어리석었다는 생각이 든다.

어머니에 대해 이야기하다

Mommy's Day

02

엄마의
청춘

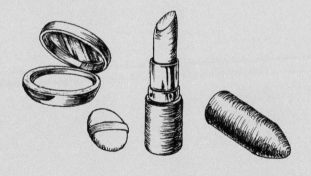

Mommy's Childhood

Scrap. 02

엄마의 20대를 추억할 수 있는 사진을 붙여주세요.
*Paste a picture that has memory
of Mommy's youth.*

Date.   .   .

015

□

20대 때 엄마는
어떤 취미를 갖고 있었나요?

Mommy,
what was your hobby in your twenties?

A.

독서,　영화보기,

음악감상,　악기 연주,　요리,

친목 모임 참석,　운동,　만화책,

고무줄놀이,　우표 수집,　레코드판 수집,

동전 모으기,　쇼핑,　롤러스케이트,

그림 그리기,　사진 찍기,

글쓰기,　여행 다니기

Date. 20　　.　　.

나만이 내 인생을 바꿀 수 있다. 아무도 날 대신해 해줄 수 없다.
캐롤 버넷 (Carol Burnett)

☐

엄마는 20대를
어떻게 보내셨나요?

Mommy,
how did you spend your twenties?

A.

Date. 20   .   .

어른이 됐을 때쯤, 나는 자연스레 내가 어른이 됐을 거라 생각했다.
이브 바비츠 (EveBabitz)

017

□

엄마는 살아보니
여자로서 언제가 제일 예뻤어요?

Mommy,
since when were you this attractive?

A.

Date. 20   .   .

미(美)는 신의 선물이다.
아리스토텔레스 (Aristoteles)

018

□

엄마의 20대 때 소개팅했을 당시,
가장 중요하게 생각하던 남자 선택 기준은?

Mommy, what was the most important factor that you've considered when you select a person during the blind dates?

A.   ■ 3가지만 체크해 주세요

□ 외모   □ 집안

□ 능력   □ 학교

□ 성격   □ 패션

□ 느낌   □ 기타

Date. 20   .   .

함께 있을 때 웃음이 나오지 않는 사람과는 결코 진정한 사랑에 빠질 수 없다.
아그네스 리플 (Agnes Repplier)

☐

엄마가 스무 살로 돌아간다면
꼭 해보고 싶은 것은 무엇인가요?

Mommy, what is the one thing that you want to do if you can be 20 years old again?

A.

☐   여행

☐   공부/배움

☐   사회 경험

☐   연애

☐   취미생활

☐   기타 :

Date. 20 . .

자신이 어떻게 변해왔는지 알려면 변하지 않은 곳으로 돌아가는 것보다 더 좋은 방법은 없다.
넬슨 만델라 (Nelson Mandela)

020

☐

20살, 엄마에게 가장 소중한 물건은 무엇이었나요?

Mommy, what is the most precious item you had when you were 20 years old?

A.

Date. 20 . .

사랑은 무엇보다 자신을 위한 선물이다.
장 아누이 (Jean Marie Lucien Pierre Anouilh)

021

□

엄마가 20대에 도전해 보지 못해, 지금도 후회하는 일이 있나요?

Mommy, is there something that you regret for not doing in your twenties?

A.

□ 여행   □ 연애

□ 취미활동   □ 결혼

□ 아르바이트   □ 기타 :

■ 못한 이유는?

Date. 20   .   .

속도를 줄이고 인생을 즐겨라.
너무 빨리 가다 보면 놓치는 것은 주위 경관뿐이 아니다. 어디로 왜 가는지도 모르게 된다.
에디 캔터 (Eddie Cantor)

022

□

엄마가 20대에 친구들보다
예뻐지기 위해 어떤 노력까지 해봤나요?

Mommy, to what extent did you strive to be prettier than your friends in your twenties?

A.

□　극한 다이어트

□　패션 스타일 바꾸기

□　피부관리

□　성격 바꾸기

□　기타 :

순간을 사랑하라. 그러면 그 순간의 에너지가 모든 경계를 넘어 퍼져나갈 것이다.
코리타 켄트 (Corita Kent)

023

□

엄마가 20대에 해 본 것 중
저도 꼭 해봤으면 하는 경험은?

*Mommy, what are some experiences
you had in your twenties that you would like me to do?*

A.

□ 여 행   □   연 애

□ 취미활동   □   결 혼

□ 아르바이트   □   기 타 :

■ 이유는?

Date. 20   .   .

길을 떠나기 전, 여행자는 여행에서 달성할 목적과 동기를 가지고 있어야 한다.
조지 산타야나 (George Santayana)

□

20대시절,
이성에게 엄마의 가장 큰 매력 포인트는?

Mommy, what was your
most attractive feature in your twenties?

A.

□   패션

□   성격

□   외모

□   재력

□   기타 :

Date. 20   ·   ·

사랑받을 수 있는 재능이 없으면 행복해질 수 있는 재능도 없다.
마리 폰 에브너 에셴바흐 (Maire von Eschenbach)

025

□

20대시절,
엄마가 가장 좋아하던 팝송(가요)은?

Mommy, what was your favorite
pop song in your twenties?

A.

■ 곡 명 :

■ 가수 이름 :

■ 이 유 :

Date. 20   .   .

음악과 사랑은 정신의 날개다.
엑토르 베를리오즈 (Hector Berlioz)

□

20대에 사고 싶었지만,
비싸서 사지 못한 물건이 있나요?

Mommy, was there something
you could not afford to buy in your twenties?

A.

.

Date. 20   .   .

얼마나 많이 주느냐 보다 얼마나 많은 사랑을 담느냐가 중요하다.
마더 테레사 (Mother Teresa)

027

□

엄마의 청춘에 관하여
가장 그리운 것은 무엇인가요?

Mommy,
what do you miss the most about your youth?

A.

Date. 20   .   .

인생을 다시 산다면 다음 번 에는 더 많은 실수를 저지르리라.
나딘 스테어 (Nadine Stair)

028

□

엄마는 20대 때, 부모님께 한
가장 큰 거짓말이 무엇이었나요?

Mommy,
what was your the biggest lies in your twenties?

A.

□   비밀이다

영원히 살 것처럼 꿈꾸고 오늘 죽을 것처럼 살아라.
제임스 딘 (James Dean)

029

□

엄마도 아르바이트해 본 적이 있나요? 무슨 일을 하셨나요?

Mommy, did you ever have a part-time job? What was it?

A.

Date. 20   .   .

오래 살기를 바라기 보다 잘 살기를 바라라.
벤자민 프랭클린 (Benjamin Franklin)

030

□

엄마의 청춘, 젊고 풋풋하던 때를 떠올릴 수 있는 아이템이 있나요?

Mommy, what items bring you memory
of your youthful adolescent times?

A.

학문을 아는 자는 이를 좋아하는 사람만 못하고 학문을 좋아하는 자는 이를 즐기는 자만 못하다.
공자 (Confucius)

031

□

엄마는 누군가와 엄마의 꿈에 대해 진지하게 이야기해 본 적 있나요?

*Mommy, have you ever seriously shared
your dream with someone?*

A.

우리를 인정해주는 사람들을 어떻게 소중히 여기고 존경할까!
줄리 모건스턴 (JulieMorgenstern)

032

□

젊을 적,
엄마는 외모 콤플렉스가 있었나요?

*Mommy, have you ever not felt confident
about your appearance when you were young?*

A.

Date. 20   .   .

아름다운 것! 그것은 마음의 눈으로 보여지는 미(美)이다.
브리앙 주베르 (Brian Joubert)

033

☐

20대, 가치관으로 삼던
엄마만의 인생철학(명언)이 있다면?

Mommy, what was your favorite quote
that has impacted your values during your twenties?

A.

Date. 20 . .

당신이 인생의 주인공이기 때문이다. 그 사실을 잊지 말라. 지금까지 당신이 만들어온 의식적,
그리고 무의식적 선택으로 인해 지금의 당신이 있는 것이다.
바바라 홀 (Barbara Hall)

권순진 39세/여 광고회사 부장

다섯 살 때 새마을금고에서 받은 상장이 있다. 기억도 나지 않는 일이지만 폐도장이 찍힌 통장과 상장이 말해준다. 네 살 때부터 출근하시는 아버지를 배웅하고 받는 100원을 매일매일 동네 새마을금고에 가서 저금한 것이다. 처음에는 엄마와 같이 갔지만, 며칠 뒤부터는 혼자 가서 저금했었다. 초등학교 3학년 여름방학이 되었을 때, 1학년 동생을 데리고 인천부평에서 외삼촌 댁이 있는 압구정동으로 방학을 보내러 간 적이 있다. 엄마가 가방을 싸주시면서 다녀오라고 하셨고 30분 버스를 타고, 부평역에 와서 지하철을 여러 번 갈아탔다. 덕분에 다섯 살 상장에서 업그레이드된 방학추억을 만들었다. 대학입시본고사를 치르고 눈 덮인 학교계단을 재잘거리면서 내려올 때도 그랬다. 차로 데려다 주며 손을 흔들고 하는 다른 친구들과는 달리, 혼자 와서 절차를 밟아 면접까지 치르고 나오는 내가 스스로도 대견했다. 그러나 한참 뒤에 놀라운 사실을 알게 되었다. 후에, 어떻게 그렇게 위험한 길에 애들만 내놓을 수 있었냐고 여쭤보자 "사실은 뒤에 따라가고 있었다"고 하셨다. 혼자라고만 생각했던 어린 나의 위험한길에 엄마가 항상 뒤를 따라주고 있었던 것이다. 스스로 학습을 응원하시면서도, 다치지 않을까? 누가 해하지 않을까? 그야말로 보이지 않는 그림자가 되어주셨던 것이다. '든든한 버팀목'이라는 말이 실감났다. 자립심을 키우는 것과 안전성이 양립할 수 있는가에 대한 엄마의 고심과 깊은 진심과 사랑, 그리고 배려가 느껴졌다.

이정은 27세/여 백화점 마케팅팀 대리

어렸을 때부터 엄마는 내게 누구보다도 따뜻한 조력자였다. 중요한 결정을 할 때, 내가 스스로 생각하게 하고 책임지게 하면서 혼자 설 수 있도록 도와주셨던 것 같다. 기대한 것보다 결과가 좋지 않아 낙담하게 될 때도 엄마가 "괜찮아." 라고 한마디 해주면 울적한 기분이 다 날아갔던 기억이 있다. 어른이 되고, 나중에 생길 미래의 내 가족을 그려 봤을 때 '나는 우리 엄마처럼 할 수 있을까?' 자문해보면, 쉽지 않을 것 같다는 생각이 든다. 아무래도 아직 베푸는 사랑보다는 받는 사랑이 익숙해서인 것 같다. 미래의 내 자녀에게도 내가 엄마에게 받은 사랑만큼이라도 줄 수 있다면 난 성공한 엄마가 될 수 있을 것 같다. 평생 아낌없는 사랑을 준 엄마에게 고마움을 느끼며, 이제는 나도 엄마의 조력자로 나서야겠다는 생각을 하곤 한다. 엄마도 이제 내가 느꼈던 충만한 사랑과 안정감을 느낄 수 있었으면 좋겠다.

권영상 38세/남 테네시주립대 교수

며칠 뒤 어머니가 아버지와 유럽 여행을 떠나신다. 장성한 아들로서, 아직 건강 걱정하지 않고 멀리 여행 다녀오실 수 있음에 그저 감사하지만, 벌써 오래 전부터 계획하시던 유럽 여행을 아들의 박사 공부가 끝날 때까지 미루고 미루셨었다는 말씀에 죄송한 마음도 든다. 유학 중에 전화도 몇 번 드린 적 없는 무뚝뚝한 아들이었지만, 항상 자식 잘되라고 당신만의 방법으로 빌고 계시는 그 지극한 정성이 지금의 나와 사랑하는 나의 가정을 만든 것임은 잘 안다. 나도 어느덧 한 아이의 아빠가 되어 아직 말도 잘 못하는 어린 딸을 좌충우돌 키우고 있자니 '내가 기억하고 있는 어머니의 희생과 노력은 정말, 극히 일부였구나!'라는 것을 알게 된다. 자식들 잘되라고 매사에 조심하신다는 어머니, 다시 한번 감사의 마음과 사랑한다는 말씀을 꼭 전해드리고 싶다. 많이 미뤄진 유럽여행이지만, 기분 좋게 쓰시라고 용돈이라도 많이 챙겨 드려야겠다.

어머니에 대해 이야기하다

Mommy's Day

03

엄마의

꿈

Mommy's Dream

Scrap. 03

엄마의 꿈과 관련된 사진을 붙여주세요.
Paste a picture about Mommy's dream.

Date.　　　．　　　．

034

□

엄마는 어떤
어른이 되고 싶었나요?

Mommy,
what type of adult did you want to be?

A.

부자가 되고 싶었다,

자유롭게 살고 싶었다, 정직한 사람이 되고 싶었다,

성실한 사람이 되고 싶었다, 명예로운 사람이 되고 싶었다,

행복하게 살고 싶었다, 좋은 가정을 꾸리고 싶었다,

미래에 대한 생각이 별로 없었다,

유명한 사람이 되고 싶었다

Date. 20 . .

성장은 뜻밖의 어둠 속에서도 도약할 때 이루어진다.
헨리 밀러 (Henry Valentine Miller)

035

□

내가 대신 해줄 수 있는,
엄마의 실현하지 못한 꿈이 있나요?

*Mommy, is there a dream
that you could not achieve, but perhaps I can for you?*

A.

인생에서 성공하려거든 끈기를 죽마고우로,
경험을 현명한 조언자로, 신중을 형님으로, 희망을 수호신으로 삼으라.
조지프 에디슨 (Joseph Addison)

036

□

20대 엄마의
장래희망, 기억나세요?

*Mommy, do you remember the dream you had
when you were in your twenties?*

A.

Date. 20   .   .

꿈은 당신을 버리지 않는다. 당신이 먼저 꿈을 외면하기 전에는.
G. K. 체스터턴 (Gilbert Keith Chesterton)

037

□

20대 시절, '엄마의 꿈'과 '할머니가 바라는 엄마의 꿈'은 같았나요?

Mommy,
was your dream and grand mom's dream the same?

A.

■ 엄마의 꿈 :

■ 할머니가 바라던 엄마의 꿈 :

Date. 20 . .

꿈은 우리가 가진 성격을 나타내는 지표이다.
H.D 소로 (Henry David Thoreau)

038

□

엄마가 저에게
내년에 받고 싶은 생일선물은?

*Mommy, what do you want from me
as a birthday gift next year?*

A.

Date. 20 · ·

선물은 바위를 깨뜨린다.
세르반테스 (Miguel de Cervantes Saavedra)

039

□

엄마가 로또1등이 된다면
가장 먼저 무엇을 하실 건가요?

Mommy, if you win the lottery,
what is the first thing that you would do?

A.

Date. 20 . .

좋은 집이란 구입하는 것이 아니라, 만들어지는 것이어야 한다.
조이스 메이나드 (Joyce Maynard)

040

□

저의 엄마로서,
엄마의 꿈은 무엇인가요?

Mommy,
what is your goal as my mother?

A.

Date. 20 　·　 ·

우리 어머니께서는 아이들을 사랑하셨다. 내가 어린애였다면 어머니께서는 뭐든 주셨을 것이다.

그루초 마르크스 (Groucho Marx)

041

□

엄마가 이루고 싶었던 꿈을 위해 노력한 일 중 한 가지를 꼽는다면?

Mommy, what is one thing that
you worked for to achieve your dream?

A.

Date. 20 . .

끊임없이 노력하라. 체력이나 지능이 아니라 노력이야말로 잠재력의 자물쇠를 푸는 열쇠다.
윈스턴 처칠 (Winston Leonard Spencer Churchil)

042

□

엄마의 다음 생에
결혼 상대자를 고르는 기준은?

Mommy, what kind of criteria would you adopt to find a perfect husband if you were to be born again?

A.

Date. 20   .   .

모든 참사랑은 존경에 기초한다.
G. 빌리어스 (Gys De Villiers)

043

□

엄마에게 가정이 없었다면
하고 싶은 일은 무엇인가요?

Mommy, what do you wish to do
if you don't have a family to take care of?

A.

Date. 20 . .

인생은 거울과 같으니비친 것을 밖에서 들여다 보기 보다 먼저 자신의 내면을 살펴야 한다.
윌리 '페이머스' 아모스 (Wally 'Famous' Amos)

044

□

아직 해결 중인 인생의 숙제 또는
언젠가 꼭 이루고자 하는 꿈이 있나요?

*Mommy, is there an on-going life assignment or a goal
that you would like to accomplish in the future?*

A.

Date. 20 ．   ．

인간은 욕망을 잃어서는 안 된다. 욕망은 창의성, 사랑, 그리고 장수를 촉진하는 강력한 강장제이다.
알렉산더 A. 보고몰레츠 (Alexander A. Bogomoletz)

Talking about My Mommy

김한나 32세/여 프리랜서 마케터

어릴 적 내가 생각하는 엄마의 모습은 언제나 뒷모습이었다. 편찮으신 아빠를 대신해 우리 집안의 기둥이자 가장이셨던 엄마는 욕심 많은 무남독녀인 나를 그 누구보다 근사하게 키우고 싶어 하셨다. 그래서인지 어린 나에게 따스한 엄마의 손길은 언제나 바램이고 보드라운 엄마의 사랑은 결핍 그 자체였다. 힘든 사춘기가 지나 난 엄마를 닮은 근사한 여성으로 자랐다. 직장 생활 5년 차가 되고 내가 가장 사랑하는 아버지가 돌아가셨다. 그리고 나는 아버지에 대한 그리움을 애꿎은 엄마에게 비난과 미움의 말로 쏟아내는 나쁜 딸이었다. 나이가 들어 결혼한 나는 그제야 울고 있는 엄마가 보였다. 나는 우리 가족의 아픔을 모두 떠안고 있는 사람이 엄마라는 걸 알면서도 모른 채 살아왔던 건 아니었을까? 누군가를 탓해야만 아빠의 부재와 나의 결핍에 대해 보상받을 수 있을 것으로 생각했던 것 같다. 하지만 돌이켜보니 엄마는 나의 가장 큰 품이자 온전한 내 편이었다. 단 한 번도 그렇지 않은 적이 없었다. 난 엄마라는 따뜻한 품에서 잘 가꿔진 화초였던 것이다. 오히려 엄마는 무성한 숲에서 상처받은 가여운 잡초 같은 인생의 주인공이었다. 이제와서 엄마에게 그동안 '죄송했다'란 말을 하고 싶지는 않다. 그저 나도 엄마처럼 언제나 그녀가 그랬던 것처럼 뒤에서 꼭 안아주고 그녀만을 위한 따스한 밥 한 끼를 만들어 주고 싶다.

유지영 24세/여 유학생

나에게 엄마란 과거의 희미한 기억, 앞으로는 생생하여질 기억.

저는 2살 때부터 외가에 맡겨졌어요. 외가에서 지내면서 유치원 초 · 중 · 고 생활을 모두 어머니 품이 아닌 그곳에서 했죠. 긴 시간 속에서 어머니에 대한 기억은 정말 희미해요. 많게는 한 달에 한두 번씩, 명절 때나 가끔 만날 수 있었거든요. 고등학교를 졸업하고 벌써 5년이나 지났네요. 지난 5년간의 기억 속엔 조금은 낯설었던 어머니와의 생활이 새롭게 기억되고 있어요. 거의 20년을 떨어져 살다가 같이 사는 것에 대한 불편함과 어색함을 깨고, 하나뿐인 자식으로서 어머니에게 힘이 되어줄 수 있는 자녀가 되기 위해 서툴게나마 표현을 하고 있습니다. 한참 어머니의 손길이 그리워 보고 싶을 땐, 볼 수 없어서 미워도 했고 섭섭하기도 했지만 아직 늦지 않았다고 생각해요. 앞으로는 생생하게 기억될 어머니의 모습, 많은 시간을 함께 공유하며 추억을 남겨 두고 싶어요. 이제 나에게 어머니는 제가 가장 사랑하는 분입니다.

이현지 23세/여 대학생

모든 딸에게 '엄마란 같은 의미로 다가오는 존재가 아닐까?

니는 우리엄민 늙지 않을 줄 알어. 머리가 커지고 엄마를 다시 보니 많이 늙었더라. 나는 아직도 어릴 때처럼, 영원히 엄마랑 살 것만 같은데. 엄마가 없다는 걸 누가 감히 상상할 수 있을까? 나와 취향이 똑같은 친구, 고민을 진심으로 걱정해주고 냉정한 조언들로 날 현명한 길로 안내해주는 영원한 인생의 멘토, 가족밖에 모르고 헌신하는 내가 가장 사랑하고 존경하는 엄마. 어떠한 말로도 표현할 수 없는 가슴 벅찬 존재. 세상 하나뿐인 엄마, 사랑해요

어머니에 대해 이야기하다

Mommy's Day

04

나는 모르는
엄마 아빠 이야기

Story of Mommy & Daddy

Scrap. 04

엄마와 아빠의 연애시절
추억이 담긴 사진이나, 결혼식 사진을 붙여주세요.

Paste a picture of Daddy and Mommy's wedding,
or a picture of them dating.

Date.   .   .

045

□

아빠의 첫인상
기억나세요? 어땠어요?

Mommy,
do you remember daddy's first impression?

A.

까무잡잡하다,   건강해 보인다

듬직하다,   귀엽다,   키가 크다,   아담하다

손이 크다,   말랐다,   옷을 잘 입는다,   촌스럽다,

어려 보인다,   나이 들어 보인다,   하얗다,

못생겼다,   잘생겼다,   착해 보인다,

세 보인다

Date. 20   .   .

가족들이 서로 주고받는 미소는 기분이 좋다. 특히 서로의 마음을 신뢰하고 있을 때에는.
존 케이블 (John keble)

046

□

엄마는 아빠와
첫 키스를 만난 지 얼마 만에 하셨어요?

*Mommy, how long did it take for you and
daddy to kiss for the very first time?*

A.

□ 만난 날 ~ 50일

□ 50일 ~ 100일

□ 100일 ~ 1년 사이

□ 1년 후

□ 결혼 후

□ 비밀이다

Date. 20 . .

키스하는 두 사람은 항상 물고기처럼 보인다.
앤디 워홀 (Andy Warhol)

047

□

아빠랑 엄마가 연애할 땐 주로
어떻게 연락했어요?

*Mommy, how did keep in touch
with daddy?*

A.

Date. 20 . .

내가 이해하는 모든 것은 내가 사랑하기 때문에 이해한다.
레프 톨스토이 (Leo Tolstoy)

048

□

아빠와 연애하던 시절,
가장 기억에 남는 사건이 있나요?

Mommy, is there something in particular
you remember while dating daddy?

A.

Date. 20 . .

부부가 마음을 합하여 집을 갖는 것만큼 훌륭한 일은 없다.
호메로스 (Homerés)

049

☐

아빠와 결혼 전 갔던
데이트 장소 중에 가장 기억에 남는 곳은?

*Mommy, where was the most memorable
place that daddy took you while dating?*

A.

Date. 20 . .

누군가를 사랑한다는 것은 자신을 그와 동일시하는 것이다.
아리스토텔레스 (Aristotle)

050

□

엄마가 아빠에게 해 주었던
최고의 이벤트는 무엇인가요?

*Mommy, what was the best romantic event
that you did for daddy?*

A.

Date. 20 .   .

한 사람이 다른 사람을 사랑하는 것. 이는 모든 일 중 가장 어려운 일이고,
궁극적인 최후의 시험이자 증명이며, 그 외 모든 일은 이를 위한 준비일 뿐이다.
라이너 마리아 릴케 (Ranier Maria Rilke)

051

□

아빠와 연애할 때
서로를 부르던 애칭이 있었나요?

Mommy,
did you and daddy have nicknames while dating?

A.

■   아빠 → 엄마 :

■   엄마 → 아빠 :

Date. 20   .   .

사랑은 끝없는 신비이다. 그것을 설명할 수 있는 것은 전혀 없기 때문이다.
라빈드라나트 타고르 (Rabindranath Tagore)

052

□

아빠를 보고 가장 최근에 가슴 떨린적이 언제였어요?

Mommy, when was the last time that daddy made your heart flutter?

A.

Date. 20   .   .

사랑에는 한가지 방법밖에 없다.
그것은 사랑하는 사람을 행복하게 만드는 것이다.
스탕달 (Standhal)

053

□

아빠와의 결혼을 결심하게 된 계기와 프러포즈 방법이 궁금해요.

Mommy, what made you to decide to marry daddy and how did he propose to you?

A.

■ 엄마는 아빠의 (   )를(을)

보고 결혼을 결심하게 되었단다.

■ 프로포즈 장소 :

■ 프로포즈 대사 :

□ 조만간 할 예정이다

Date. 20   .   .

사랑으로 행해진 일은 언제나 선악을 초월한다.
프레드리히 니체 (Freidrich Nietzsche)

054

□

아빠에게
선물 받고 싶은 세 가지!

Mommy, what do you want
for a present from daddy?(three things)

A.

□   첫 번째 :

□   두 번째 :

□   세 번째 :

Date. 20   .   .

선물을 하려면 오래 간직하는 것으로 하라. 그것을 볼 때마다 오래 그대를 기억하리라.
토마스 풀러 (Thomas Fuller)

055

□

엄마의 기억 속,
연애 시절 아빠의 매력은 무엇이었나요?

Mommy,
what was daddy's charm when you were dating daddy?

A.

Date. 20 · ·

우리는 오로지 사랑을 함으로써 사랑을 배울 수 있다.
아이리스 머독 (Iris Murdoch)

056

□

아빠랑 연애 시절
다투면 어떻게 화해했어요?

Mommy,
how did you and daddy reconcile after arguments?

A.

모든 부부는 사랑의 기술을 배우 듯이 싸움의 기술도 배워야 합니다. 좋은 싸움은 객관적이고 정직하며 절대 사악하
거나 잔인하지 않아요. 좋은 싸움은 건강하고 건설적이며, 결혼 생활에 평등한 파트너 관계라는 원칙을 세워 줍니다.
앤 랜더스 (Ann Landers)

057

□

결혼 전과 후,
아빠의 차이점은?

Mommy,
how is daddy different before and after the marriage?

A.

■ 결혼 전 :

■ 결혼 후 :

Date. 20 . .

아내의 덕행은 친절히 보고, 아내의 잘못은 못본척 하라.
브라이언 (Brian)

058

□

임신 소식을 처음 접한
아빠의 반응은 어떤 반응이 었나요?

*Mommy, haw was daddy's first
reaction to your pregnancy?*

A.

Date. 20   ·   ·

가족들이 서로 맺어져 하나가 되어 있다는 것이 정말 이 세상에서의 유일한 행복이다.

퀴리부인 (Marie, Cruie)

059

□

엄마만 아는
아빠의 비밀이 있나요?

*Mommy, is there a secret about daddy
that no one else knows, but you?*

A.

□   비밀은 비밀이다

Date. 20   .   .

모든 비밀 가운데 가장 아름다운 비밀은 천재라는 사실을 혼자만 알고 있는 것이다.
새뮤얼 랭혼 클레먼스 (Samuel Langhorne Clemens)

060

□

아빠는 모르는
엄마만의 비밀이 있나요?

*Mommy, is there a secret about you
that daddy doesn't know?*

A.

□ 비밀은 비밀이다

Date. 20　　·　　·

사랑은 눈으로 보지 않고 마음으로 보는 거지.
윌리엄 셰익스피어 (William Shakespeare)

061

☐

아빠와
현재 결혼생활 만족도는?

*Mommy, what is the level of
satisfaction of your marriage with daddy?*

A.

☐ 아주 만족한다

☐ 만족하는 편이다

☐ 보통이다

☐ 비밀이다

Date. 20   .   .

좋은 결혼 생활은 개인의 변화와 성장,
사랑을 표현하는 방식에 있어서 변화와 성장을 하게 해준다.
펄 벅 (Pearl Buck)

062

□

아빠로 인해
새롭게 좋아하게 된 것이 있나요?

Mommy, what are the things that
you began to like because of daddy?

A.

Date. 20   . .

부부생활은 길고 긴 대화 같은 것이다.
결혼생활에서는 다른 모든 것은 변화해가지만 함께있는 시간의 대부분은 대화에 속하는 것이다.
프리드리 히빌헬름 니체 (Friedrich Wilhelm Nietzsche)

063

□

할아버지, 할머니께
아빠를 소개했을 때의 반응은 어땠나요?

Mommy, how was grandparent's reaction
when you introduced daddy for the first time?

A.

Date. 20 . .

064

□

'내 남편이 최고!'
아빠의 장점 3가지는?

Mommy,
what are the 3 strengths about daddy?

A.

■ 첫째 :

■ 둘째 :

■ 셋째 :

Date. 20   .   .

세상에서 가장 행복한 사람은 누구인가? 그는 좋은 아내를 얻은 남자다.
탈무드 (Talmud)

엄마가 볼 때,
아빠가 꼭 고쳤으면 하는 3가지는?

*Mommy, what are the 3 things that you
really hope daddy to change?*

A.

■ 첫째 :

■ 둘째 :

■ 셋째 :

Date. 20   .   .

나는 내가 아픔을 느낄 만큼 사랑하면
아픔은 사라지고 더 큰 사랑만이 생겨난다는 역설을 발견했다.
마더 테레사 (Mother Teresa)

066

□

연애시절, 엄마가 아빠를 더 좋아했나요, 아빠가 엄마를 더 좋아했나요?

Mommy, who liked the other more when daddy and you were dating?

A.

Date. 20   .   .

한 사람이 다른 사람을 사랑하는 것. 이는 모든 일 중 가장 어려운 일이고,
궁극적인 최후의 시험이자 증명이며, 그 외 모든 일은 이를 위한 준비일 뿐이다.
라이너 마리아 릴케 (Ranier Maria Rilke)

067

□

결혼 후, 아빠에게
미안하게 생각하는 점이 있나요?

Mommy, is there something you
feel sorry to daddy after marriage?

A.

Date. 20 . .

사랑의 첫 번째 의무는 상대방에 귀 기울이는 것이다.
폴 틸리히 (Paul Tillich)

068

☐

가장 최근에 아빠가
사랑한다고 말해준 건 언제였나요?

Mommy, when was the last time that
daddy said 'I love you' to you?

A.

Date. 20   ·   ·

사랑을 받는 것, 그것이 행복이 아니다. 사랑하는 것, 그것이야말로 진정한 행복이다.
헤르만 헤세 (Hermann Hesse)

069

□

아빠에게 받은 선물 중
가장 기억에 남는 것은 무엇인가요?

Mommy, what is the most
memorable gift you've received from daddy?

A.

Date. 20 . .

인생에 있어서 최고의 행복은 우리가 사랑 받고 있음을 확신하는 것이다.
빅터 위고 (Victor Hugo)

070

□

아빠가 아기처럼 보여
모성애가 자극되었던 때는 언제인가요?

Mommy,
when does daddy act most like a baby?

A.

Date. 20 . .

남편의 사랑이 지극할 때, 아내의 소망은 조그마하다.
안톤 체호프 (Anton Chekhov)

변성옥/여 가정주부

자매가 없는 저는, 엄마와 죽이 잘 맞으면서도 경쟁하고 시기하는 친구 같았습니다. 어느새 훌쩍 어른이 된 딸과 그 젊음이 내심 부러웠는지, 엄마는 가끔 제 옷을 몰래 입어보고 외출을 하기도 했지요. 엄마가 입어 본 흔적을 느낄 때면, 맘 좋게 더 입으시라 할 수도 있으련만 "엄마 나이에, 그 몸매에 젊은 애들 옷이 어울린다고 생각해? 나이에 맞게 입는 게 제일 나아." 라고 신경질을 내곤 했어요. 그럼 엄마는 "에이 걸렸네!" 하며 그렇게 딸에게 한 소리 들으면 그만이지요. 어릴 때 엄마놀이를 하면서 엄마 신발, 옷을 몰래 입어보며 외출한 틈을 타서 화장품 이것저것 손대보고 이랬던 내가, 언제나 젊고 싶은 엄마 마음도 모르고 버럭 화부터 내곤 했네요. 저는 아직 곱고 착한 딸이 되려면 멀었지만, 엄마를 사랑하고 아끼고, 공경하며 잘 보살펴드리고 싶은 마음은 가득합니다.

김진태 19세/남 고등학생

내게 엄마는 가장 친한 친구이자 스승이며 가장 소중한 존재이다. 내가 하는 어떤 이야기들에도 항상 웃으며 들어주시고, 내게 힘든 일이 있을 땐 언제라도 옆에서 위로하며 힘을 주셨다. 하지만 나 또한 여느 또래 친구들처럼 사춘기를 겪으며 어머니를 매우 힘들게 했다. 친구들과 매일 놀러 다니며 반항 아닌 반항도 했으니까. 물론 지금은 마음을 다잡고 학업에 매진하고 있다. 어머니께 따로 효도하는 것보다 나의 본분인 학업에 열중하는 것이 효도라고 생각하여 열심히 하고 있다. 공부하다가도 문득 어머니 속을 썩인 것을 생각하면 마음이 아프다. 왜 그랬을까? 어머니, 앞으로는 더 자랑스러운 아들이 될게요. 사랑해요!

어머니에 대해 **이야기하다**

Mommy's Day

05

엄마,
그리고 나

Mommy & Me

Scrap. 05

자녀의 아기 때 모습과
그때의 엄마 사진을 붙여주세요.

*Paste a picture of Mommy & me
when I was a baby.*

Date. . .

071

☐

저를 처음 안았을 때
어떤 감정을 느끼셨나요?

Mommy,
how did you feel when you first held me in your arms?

A.

신기하다,　뿌듯하다,

걱정스럽다,　행복하다,　감사하다,　미안하다,

놀랍다,　낯설다,　가슴 벅차다,　당황스럽다,

감격스럽다,　짜릿하다,　사랑스럽다,

애틋하다,　포근하다,　나랑 닮았다,　너무 작다,

뭉클하다,　반갑다,　든든하다,

못생겼다

Date. 20　　.　　.

아이를 낳고 기르는 것은 여성의 지혜다.
알프레드 테니슨 (Alfred Tennyson)

072

□

제 이름은
누가 지었나요?

Mommy,
who named me?

A.

■ 네 이름은 (   )께서 직접 지어주셨단다.

■ 선택 받지 못한 제2의 네 이름은 :

Date. 20 . .

좋은 이름을 가진자는 인생에 반은 성공한 것이다.
독일 속담 (German Proverb)

073

□

저의 태몽은 무엇이었나요?
누가 꾸었나요?

Mommy, what was the dream about the birth of a child when you were pregnant with me? Whose dream was it?

A.

107

Date. 20 . .

기쁨은 기도이다, 기쁨은 힘이다. 기쁨은 사랑이다.
기쁨은 영혼을 붙잡을 수 있는 사랑의 그물이다.
마더 테레사 (Mother Teresa)

074

□

엄마가 발견한
나의 장점 3가지는?

Mommy,
what are the 3 strengths about me?

A.

■ 1.

■ 2.

■ 3.

Date. 20   .   .

인간의 장점은 결점이 있다는 점이다.
유대인 속담 (Jewish Proverb)

075

□

엄마가 볼 때
내가 이것만 고쳤으면 하는 3가지는?

Mommy,
what are the 3 things that you would like me to change?

A.

■ 1.

■ 2.

■ 3.

Date. 20 . .

키스해 주는 어머니도 있고 꾸중하는 어머니도 있지만 사랑하기는 마찬가지이다.
펄 벅 (Pearl SBuck)

□

엄마
지금 어디가 제일 아파요?

Mommy,
what part of your body hurts the most at this moment?

A.

Date. 20 .   .

부모는 그대에게 삶을 주고도 이제 당신의 삶까지 주려고 한다.
척 팔라닉 (Chuck Palahniuk)

077

□

엄마가 기억하는
가장 귀엽고 예뻤던 저의 모습은?

*Mommy, when was the time that
you thought I was the prettiest? How did I look then?*

A.

Date. 20 . .

나의 어머니는 내가 본 여성 중에서 가장 아름다운 사람이다.
인생의 성공은 나의 어머니에게 받은 도덕적 지적, 신체적 교육 덕분이다.
조지 워싱턴 (George Washington)

078

□

점점 성장해 가는
저를 보며 무슨 생각을 하시나요?

Mommy,
what comes to your mind as I am becoming an adult?

A.

112

자식은 우리에게서 얻어간 만큼 베푼다.
(이 과정에서) 우리는 더 깊게 느끼고, 질문하고, 상처받으며 사랑하는 사람이 된다.
소니아 타잇츠 (Sonia Taitz)

079

□

저를 '낳기를 잘했다!'고
생각한 순간은 언제인가요?

Mommy, when were the times that
you were happy to have me as your child?

A.

Date. 20 · ·

어머니에게 아들은 삶의 닻이다.
소포클래스 (Sophocles)

080

□

저를 키우면서
가장 힘들었던 순간은 언제였나요?

Mommy,
when was the most difficult time raising me?

A.

114

Date. 20   .   .

어머니는 자녀들이 말하지 않는 것도 다 알고 있다.
유대인 속담 (Jewish Proverb)

081

□

제가 엄마께 드린 선물 중
가장 기억에 남는 것은 무엇인가요?

Mommy,
what was the best gift from me?

A.

Date. 20   .   .

사랑을 하고 있는 사람의 귀는 아무리 낮은 소리라도 다 알아듣는다.
윌리엄 셰익스피어 (William Shkespeare)

082

□

저와 함께 한 일 중
가장 좋았던 일은 무엇인가요?

Mommy,
what were the best things you did with me?

A.

Date. 20   .   .

어머니란 기댈 수 있는 사람이 아니라 기대는 것을 필요 없게 만드는 사람이다.
도로시 캔필드 피셔 (Dorothy Canfield Fisher)

083

□

나를 보며 엄마의 옛날을
추억할 때가 있나요? 언제인가요?

Mommy, do you ever think about
your youth when looking at me? When was it?

A.

Date. 20   .   .

20대에 당신의 얼굴은 자연이 준 것이지만,
50대의 당신의 얼굴은 스스로 가치를 만들어야 한다.
가브리엘 코코 샤넬 (Gabriel Coco Chanel)

084

□

제 이름으로
삼행시를 지어주세요!

Mommy, can you make a verse
starting with the first 3 letters of my initials?

A.

■ (   ) :

118

■ (   ) :

■ (   ) :

이 세상에서 가장 아름다운 말은 자기의 이름 3자이다.
데일 카네기 (Dale Breckenridge Carnegie)

085

□

지금의 저에게
바람이 있다면?

Mommy,
what do you wish for me at this moment?

A.

□ 얼짱/몸짱

□ 든든한 직업

□ 명문대 진학

□ 정직하고 바른 사람

□ 건강한 사람

□ 효자, 효녀

□ 기 타 :

Date. 20 · ·

내가 성공을 했다면 오직 천사와 같은 어머니의 덕이다.
아브라함 링컨 (Abraham Lincoln)

086

□

엄마가 지금 제게 궁금한 것,
듣고 싶은 이야기는 무엇인가요?

*Mommy, is there anything you want to know
about me or want to hear from me?*

A.

Date. 20   .   .

나의 나 된 것은 오직 나의 어머니로 인함이라.
존 퀸시 아담스 (John Quincy Adams)

087

□

혹시, 저에게
해주지 못해 미안한 것이 있으세요?

Mommy, do you have anything that you regret
because you could not do for me?

A.

□   Yes   □   No

■ 이유는?

부모란 자녀에게 사소한 것을 주어 아이를 행복하게 만들도록 만들어진 존재다.
오그든 내쉬 (Ogden Nash)

088

□

엄마가 나에게
추천하는 맛집 3곳?

Mommy,
can you recommend 3 best dining places?

A.

■   상호명, 추천 메뉴

■   상호명, 추천 메뉴

■   상호명, 추천 메뉴

사랑을 하는 사람과 사랑을 받는 사람은 항상 따로 있어.
서머셋 모옴 (W.Somerset Maugham)

089

□

엄마와 제가 가장
잘 통한다고 느낄 때는 언제인가요?

Mommy,
when do you feel that we get along pretty well?

A.

□   같은 음식을 좋아할 때

□   웃음 코드가 같을 때

□   말을 잘 알아들을 때

□   눈빛만 봐도 알 수 있을 때

□   기타 :

Date. 20   .   .

나의 어머니는 가늘고 작은 몸을 가지고 있었지만 커다란 마음을 가지고 계셨다.
이 마음은 모두를 반겨주었고 이 곳에서 기쁨을 발견하는 숙소와 같은 곳이었다.
새뮤얼 랭혼 클레먼스 (Samuel Langhorne Clemens)

090

□

지금의 저는
엄마가 바라던 대로 성장했나요?

Mommy,
have I grown up as you wanted me to?

A.

□ Yes   □ No

■ 엄마가 바라던 저는 어떤 모습인가요?

Date. 20   .   .

사람들은 그들의 어머니가 만들어낸 그대로다.
랄프 왈도 에머슨 (Ralph Waldo Emerson)

☐

엄마 친구들한테
나도 엄친딸(엄친아)인가요?

Mommy, do you boast about me
to your friends as the best daughter/son?

A.

☐ Yes   ☐ No

■ 이유는?

Date. 20   .   .

젊은이들은 별 이유없이 웃지만 그것이야말로 그들이 가진 가장 큰 매력중의 하나이다.
오스카 와일드 (Oscar FingalO'Flahertie Wills Wilde)

092

□

저는 100점 만점에
몇 점짜리 자녀인가요? 이유는?

Mommy,
rate me out of 100 and tell me why.

A.

■ 자녀로서의 점수 : (　　　　　)점 / 100점

　이유는 :

■ 사회인으로서의 점수 : (　　　　　)점 / 100점

　이유는 :

살아있건 아니건 자식은 우리를 변하게 한다.
로이스 맥마스터부욜 (Lois McmasterBuiold)

093

□

엄마, 세상에서
내가 제일 사랑하는 거 알아요?

Mommy,
do you know that you I love you the most on earth?

A.

□　Yes　　　□　No

■　이유는?

사랑이란 우리의 생명과 같이 날 때부터 가지고 태어난 것이다.
F.M 밀러 (F.M Miller)

094

□

제가 엄마 배 속에 있을 때,
엄마는 어떤 마음으로 10달을 지내셨나요?

Mommy,how did you spend the 10 months
while you were pregnant with me?

A.

Date. 20 .   .

부모가 살아 계신다면 멀리 가서 놀지 말 것이며 놀 때는 반드시 가는 곳을 알려야 한다.

공자 (Confucius)

095

□

지금 저와 단둘이
하고 싶은 것이 있으세요?

*Mommy, is there anything you would
like to do just the two of us?*

A.

□ 여 행

□ 취미생활

□ 외 식

□ 수 다

□ 기 타 :

Date. 20 　.　　.

훌륭한 부모의 슬하에 있다면, 사랑에 넘치는 체험을 얻을 수 있다.
그것은 먼 훗날 노년이 되더라도 없어지지 않는다.

베토벤 (Ludwig van Beethoven)

096

□

엄마는 손녀가 좋아요?
손자가 좋아요?

Mommy,
do you prefer a grandson or a granddaughter?

A.

□   손녀   □   손자

□   상관 없음   □   무자식이 상팔자다

■ 이유는?

Date. 20   .   .

우리가 부모가 됐을 때 비로소 부모가 베푸는 사랑의
고마움이 어떤 것인지 절실히 깨달을 수 있다.
헨리 워드 비처 (Henry Ward Beecher)

097

□

엄마 공부를 꼭
잘하지 않아도 되나요?

Mommy,
I don't really have to excel at school, do I?

A.

□ Yes　　　□ No

■ 이유는?

Date. 20　　.　　.

최고의 교육 기관은 어머니의 무릎이다.
제임스 러셀 로웰 (James Russell Lowell)

098

□

엄마가 그리는
제 미래는 어떤 미래인가요?

Mommy,
how would you picture my future?

A.

Date. 20   .   .

꿈을 계속 간직하고 있으면 반드시 실현 할 때가 온다.
요한 괴테 (Johann Wolfgang von Goethe)

099

□

엄마는 제가 적어도 몇번의 연애 후에 결혼하는게 좋다고 생각하세요?

*Mommy, how many relations are ideal
for me to have before I get married?*

A.

    □   1–3번   □   4–6번

    □   6–9번   □   10번 이상

    □   많으면 많을수록 좋다

      ■ 이유는?

Date. 20 . .

전 젊은이들이 결혼을 주제로 얘기하는 것에 거의 신경 쓰지 않아요.
결혼에 대해서 안 좋게 얘기하면 전 그냥 그 사람들이 아직 제 짝을 못 찾아서 그런다고 생각해요.
제인 오스틴 (Jane Austen)

100

□

제 애인을 처음
소개해드렸을 때, 엄마의 기분은 어땠나요?

Mommy, how did you feel
when I first introduced my boy/girlfriend to you?

A.

'34

■ 무슨 말이 하고 싶었나요?

Date. 20 . .

자연 가운데 아들딸의 행복을 기뻐하는 어머니의 기쁨만큼
거룩하고 사람을 감동시키는 기쁨은 없다.
장 파울 (Jean Paul)

101

□

제가 엄마(아빠)와 똑 닮은 사람과 결혼한다면 엄마는 찬성할 건가요?

Mommy, would you agree with my decision
if I was to marry someone like mommy(daddy)?

A.

□ 찬성   □ 반대

■ 이유는?

Date. 20   .   .

사랑에 대한 여자의 열정은 전기 작가의 열정을 훨씬 뛰어 넘는다.
제인 오스틴 (Jane Austen)

102

□

엄마가 원하는
제 배우자의 모습은?

*Mommy, what do you look out the most
in selecting a marriage partner?*

A.

Date. 20 .   .

나는 나를 웃게 하는 사람들을 사랑한다. 솔직히 내가 가장 좋아하는 것은 웃는 것이다.
웃음은 수많은 질병들을 치료해준다. 웃음은 아마도 사람에게 가장 중요한 것이리라.
오드리 햅번 (Audrey Hepburn)

103

□

제 결혼 상대자에게 엄마가
제일 듣고 싶은 말은?

*Mommy, what do you want to hear
from my spouse-to-be?*

A.

Date. 20 .   .

사랑은 있거나 없다(둘 중 하나다). 가벼운 사랑은 아예 사랑이 아니다.
토니 모리슨 (Toni Morrison)

104

□

엄마가 기억하는, 아빠와 처음 만난 장소와 날짜는?

Mommy, where was the place you met daddy for the very first time. When was it?

A.

■ 처음 만난 장소 :

■ 처음 만난 날짜 :

■ 그날의 이야기 :

Date. 20 . .

사랑은 아름다운 여자를 만나서부터
그녀가 꼴뚜기처럼 생겼음을 발견하기까지의 즐거운 시간이다.
존 배리모어 (John Barrymore)

□

제가 결혼 할 때 엄마 기분이 어떨 것 같아요? (제 결혼식 때 엄마 기분이 어떠셨어요?)

Mommy, how do you think you would you feel on my wedding day? (How did you feel?)

A.

Date. 20   .   .

어머니는 우리의 마음속에 얼을 주고, 아버지는 빛을 준다.
장 파울 (Jean Paul)

106

□

저에게 물려주고 싶은
엄마의 소중한 물건이 있나요?

*Mommy, is there an item of yours
that you would like me to have?*

A.

Date. 20　　　.　　　.

청춘은 사라지고, 사랑은 시들며, 우정의 잎사귀는 떨어지지만,
어머니의 남모르는 깊은 사랑은 그 모든 것보다 오래 간다.
O.W 홈 (O.W Holmes)

107

□

지금의 저에게 권하는
'이것만은 꼭 해보렴!'하는 것이 있나요?

*Mommy, is there "must-do!" experience
that you recommend to me?*

A.

Date. 20   .   .

그대는 인생을 사랑 하는가?
그렇다면 시간을 낭비하지 말게. 인생은 시간으로 되어 있으니깐.
벤자민 프랭클린 (Benjamin Franklin)

108

□

제가 가장 좋아하는
엄마가 만드는 음식, 알고 계세요?

*Mommy, do you know my all time
favorite dishes that you cook?*

A.

□ Yes □ No

■ 제가 좋아하는 메뉴는?

Date. 20 . .

한 가족이 화목하여 한 마음 한 뜻이 되면 문 앞의 돌도 황금으로 변한다.
인도 속담 (India Proverb)

109

□

저랑 같이
배우고 싶은 운동이 있나요?

*Mommy, is there a specific sport
that you would like to do with me?*

A.

Date. 20   .   .

강한 신체는 정신을 강하게 만든다.
토머스 제퍼슨 (Thomas Jefferson)

110

□

진심으로,
엄마 눈엔 내가 어때 보여요?

Mommy,
what do you think of me? Seriously.

A.

□ 매우 이쁘다

□ 이쁘다

□ 보통이다

□ 이쁘지 않다

□ 전혀 이쁘지 않다

□ 비밀이다

Date. 20   .   .

선한 얼굴은 그 사람을 나타내는 가장 좋은 추천서이다.
엘리자베스 1세 (Elizabeth I)

111

□

나랑 꼭 같이
가봤으면 하는 곳은?

*Mommy, where is the one place
that you would like to go with me?*

A.

Date. 20   .   .

현재 위치가 중요한 것이 아니라 가고자 하는 방향이 중요하다.
올리버 W. 홈즈 (Oliver Wendell Holmes)

112

□

'이럴 때, 나와 세대차이를 느낀다!' 할 때가 있나요?

Mommy,
do you ever feel that we have generation gap?

A.

Date. 20   .   .

나이를 먹는다고 하는 것은 사물을 볼 줄 알게 됨을 말한다.
크리스토프 에센바흐 (Christoph Eschenbach)

113

□

지금 당장은 아니지만, 때가 되면
꼭 말해주고 싶은 비밀이 있다? 없다?

Mommy, is there a secret you would like to tell me when the right time comes?

A.

□ Yes   □ No

□ 아직은 비밀이다

Date. 20   .   .

진실을 사랑하고 실수를 용서하라.
볼테르 (Voltaire)

Talking about My Mommy

이지안 35세/여 플라워드로잉 아티스트

'엄마'하면 나는 도시락이 생각이 난다. 먹지 않으면 살 수 없는 밥처럼 엄마의 사랑은 매 순간 나에게 에너지가 되어준다. 대학교 다닐 때는 택배로 엄마의 반찬이 배달되었고 직장을 다닐 때는 반찬이 떨어질 때쯤 직접 엄마가 배달해주셨다. 그리고 일이 많아지면서 집으로 들어온 지금은 매일 엄마표 도시락을 들고 나간다. 이제 그만 싸주셔도 된다고 해도 직원 도시락과 혹시나 함께 먹을지도 모르는 학원생 밥까지 함께 싸주시는 엄마를 생각하면 늘 감동이다. 매일 6시면 일어나 도시락을 준비해 주시는 엄마. 딸의 건강이 걱정되는 것도 있겠지만 바쁜 딸이 지치지 않게 엄마의 사랑을 끼니마다 일깨워 주시려는 뜻이 들어있지 않을까? 엄마 덕분에 매일 나는 사랑을 먹는다. 그러한 엄마의 사랑을 언젠가는 보답할 수 있을까 싶다. 감히 보답할 것이란 말은 못하겠다. 단지 내가 엄마를 닮아갈 수 있다면 다른 사람에게 그런 사랑을 베풀 수 있는 사람이 되는 것이 보답의 한 방법이 될 수 있지 않을까? 나를 이 세상에 나오게 해 준 사람, 나에게 사랑을 알게 해 준 사람, 곁에 있지만 공기같아 잘 모르는 사람, 부를 때마다 목이 메어오는 사람, 그 존재만으로 힘이 되는 사람, 엄마는 그런 사람이다.

강진주 39세/여 포토그래퍼

윤여사는 긍정적이다. 때로는 그녀의 긍정적인 사고가 딸인 나로서는 원망스럽기도 하다. 하지만 그녀의 사고 방식으로 우리 남매는 별탈 없이 행복이라는 단어를 배울 수 있었다. 또한 윤여사는 기다림을 즐긴다. 어떠한 일이 발생 하였을 때 서두르지 않으신다. 때로는 딸인 나로서는 그 기다림이 어리석게 보인다. 하지만 그 기다림 끝에는 항상 아련한 빛이 있었다. 그녀는 역시 현명하다. 그녀 윤영선 엄마가 나의 엄마임이 자랑스럽다.

방용현 33세/남 자동차수리 기술자

"아빠, 누나 말 잘 들어야 한다" 고 말씀하시던 어머니, 어머니께서는 11살과 8살밖에 안된 어린 누나와 저를 남겨 두고 하늘나라로 가셨습니다. 어머니는 떠났지만, 어머니가 묻힌 그곳을 찾는 것만으로도 유년시절 힘들 때엔 큰 힘이 되었습니다. 서른 무렵 결혼하고 나서야, 생전에 마지막으로 어머니께서 웃고 계시던 그 날의 표정이 기억이 난 것 같습니다. 그때 어머니의 마음은 어떠셨을까? 올해 추석에는, 살아계시면 예뻐만 해 주셨을 며느리와 한 돌 지난 손자를 데리고 어머니 계신 곳에 인사 드리러 가겠습니다. 어머니 계신 곳에 심어놓은 소나무가 올해도 많이 자라있 겠죠. 언제나 사랑합니다. 어머니!

안소영 33세/여 미국변호사

나는 엄마는 원래 엄마로 태어난 줄 알았다. 엄마니까 내가 남긴 음식을 드시는 것도 당연했고 과일의 가장 맛없는 꼭지 부분을 드시는 것도 당연하다고 생각했다. 내가 힘들 때 투정부리면 다 받아 주시는 것은 엄마이기에 그럴 수 있다고 생각 했다. '엄마이기에 자식을 위해 희생하는 것은 당연하지.'라고 생각했다. 하지만 태 어날 때부터 엄마로 태어난 사람은 없다. 엄마도 맛있는 것 보면 드시고 싶고, 힘든 일이 있으면 슬프고, 다른 누군가의 투정을 들어 주는 것이 힘든 보통의 여자였다. 다만 엄마 당신만을 바라보며 턱을 괴고 있는 딸 때문에 엄마로 다시 태어날 수 밖에 없었던 것이다. 하지만 이제는 알 수 있다. 나의 어머니는 비 오는 날에는 감수성이 풍부해지고 예쁜 옷을 보면 입어보고 싶고, 신사의 품격 장동건을 보면 가슴이 설레는 여자인 것을 말이다. 나의 어머니도 평범한 여자이다.

어머니에 대해 이야기하다

Mommy's Day.

06

엄마의
어머니

Mommy's Mommy

Scrap. 06

할아버지와 할머니, 엄마가
다함께 찍은 사진을 붙여주세요.

*Paste a picture of grandpa, grandma,
and the family of Mommy.*

Date.   .   .

114

□

'할머니'하면
가장 먼저 떠오르는 것은 무엇인가요?

*Mommy, what is the first thing that comes to
your mind when thinking about grandma?*

A.

자상함, 엄격함, 그리움,

어린 시절, 죄송한 일, 자랑스러운 일,

애틋함, 푸근함, 뭉클함, 무서움,

쓸쓸함, 섭섭함, 즐거움, 다정함, 감사함,

후회되는 일, 아련한, 고생스러움,

안타까움, 고독함, 유쾌함

Date. 20   .   .

한 방향으로 깊이 사랑하면 다른 모든 방향으로의 사랑도 깊어진다.
안네 소피 스웨친 (Anne-Sopie Swetchine)

115

□

우리 할머니 장점은
어떤 것이 있나요?

Mommy,
what were some of grandma's strengths?

A.

■ 장점 :

■ 단점 :

Date. 20   .   .

나이가 들어도 사랑을 막을 수는 없어요. 하지만 사랑은 노화를 어느 정도 막을 수 있죠.
잔느 모로 (Jeanne Moreau)

116

□

할머니와의 가장
즐거웠던 추억은 무엇인가요?

*Mommy, what was the most memorable
moments that you have with grandma?*

A.

Date. 20   .   .

아, 인생은 노래의 아름다운 순환이며, 즉흥 연주의 메들리다.
그리고 사랑은 절대 잘못될 수 없는 것이다. 그리고 나는 루마니아의 마리다.
도로시 파커 (Dorothy Parker)

117

□

할머니가 만드신 음식 중 가장 맛있는 메뉴는?

Mommy,
what was grandma's specialty menu?

A.

음식에 대한 사랑보다 더 숨김없는 사랑은 없다
에르네스트 쇼송 (Ernest Chausson)

118

□

할아버지, 할머니의
MBTI는 무엇일까요?

Mommy,
what is your parents' MBTI?

A.

□   외향형(E)   /   내향형(I)

□   감각형(S)   /   직관형(N)

□   사고형(T)   /   감성형(F)

□   판단형(J)   /   인식형(P)

Date. 20   .   .

한 온스의 어머니의 사랑은 한 톤의 성직자의 사랑에 비교 할 수 있다.
스페인 속담 (Spanish Proverb)

119

□

할머니와 엄마는
어떤 점이 닮았나요?

Mommy,
what resemblance do you have with grandma?

A.

□　외모

□　성격

□　습관

□　취향

□　기타 :

Date. 20   .   .

모든 행복한 가족들은 서로 서로 닮은 데가 있다.
그러나 모든 불행한 가족은 그 자신의 독특한 방법으로 불행하다.
레프 톨스토이 (Leo Tolstoy)

120

□

할머니께 제일 크게 혼났던 적은 언제인가요? 무슨 잘못을 했나요?

Mommy, when did grandma scold you the hardest? What did you do wrong?

A.

Date. 20 . .

사랑하는 사람에게 할 수 있는 가장 나쁜 일은
바로 그들이 할 수 있고 해야 할 일을 대신해 주는 것이다.
아브라함 링컨 (Abraham Lincoln)

121

□

엄마가 개인적으로
할머니께 느끼는 감정은 무엇인가요?

Mommy, what type of sentiments
do you personally feel for grandma?

A.

□   고마움

□   존경스러움

□   미안함

□   슬픔

□   미움

한 방향으로 깊이 사랑하면 다른 모든 방향으로의 사랑도 깊어진다.
안네 소피 스웨친 (Anne-SopieSwetchine)

122

□

부모님께 드린 선물 중에
가장 기억에 남는 선물은 어떤 게 있나요?

Mommy, what was the best gift
that you gave to grandparents?

A.

Date. 20   .   .

진정한 사랑은 모든 것을 끄집어내요. 어느새 매일 거울을 끄집어내 보고 있죠.
제니퍼 애니스톤 (Jennifer Aniston)

123

□

할머니와 함께 해보고 싶었지만 못해본 것은 무엇이 있나요?

Mommy, what are some of the things that you had hoped to do with grandma, but couldn't.

A.

당신은 항상 영웅이 될 수 없다. 그러나 항상 사람은 될 수 있다.
요한 볼프강 폰 괴테 (Johann Wolfgang von Goethe)

124

□

할머니께 전하지 못한
말이 있다면 무엇인가요?

*Mommy, what are some words
that you could not say to grandma?*

A.

Date. 20 . .

삶의 무게와 고통으로부터 자유롭게 해주는 한마디의 말. 그것은 사랑이다.
소포클레스 (Sophocles)

Talking about My Mommy

이시현 48세/여 광고회사 대표

남존여비 사상이 남아있던 시절, 종갓집 다섯 며느리 중 둘째로 시집와 딸만 셋을 낳은 엄마는 할머니께 적지 않은 설움을 겪어야만 하셨다. 참는 게 미덕인 그 시대에 대통령 효부상 수상자인 외할머니의 표창은 장녀인 엄마에게 어쩌면 여인의 굴레가 되지 않았나 싶다. 세 딸 중 막내로 태어나 어려서부터 유난히 애살스럽고 재롱둥이였던 나는 엄마가 표현하지 못한 즐거운 희망이었던 것을, 나와 너무도 닮은꼴인 고2 딸아이를 키우며 절실히 느낀다. 엄마는 뭐든지 참아야 하는 줄 알았다. 엄마는 편식하며 남편과 자식에게는 무엇이든 먹여야만 하는 줄만 알았다. 엄마는 퍼주는 여인인 줄 알았다. 늘 그렇게 또 그런 줄 알았던 철없는 막내딸이 이제 엄마가 되어 대를 잇고 있는 삶의 이야기를 쓰고 있다. 엄마처럼 바보같이 안 살 거라던 나 역시 엄마가 되어 삶을 즐기고 웰빙식을 선호하며 함께 나누는 행복을 살아가고 있다. 나의 엄마가 살아온 삶대로 단지, 그땐 성숙하지 못한 미숙함으로 진솔한 깊이를 깨닫지 못했을 뿐이라는 것을 이제 알게 되었다. 엄마의 삶이 결국 지금의 나를 성장시키는 지혜였음을 알았다. 내 나이 쉰을 앞두고 딸의 성장과 함께 엄마의 모습 그대로 성장하고 있었던 것이다. 언제 불러도 포근한 엄마~ 감사합니다. 그리고 사랑합니다.

유기림 30세/ 광고기획사 근무

우리 엄마는 슈퍼우먼이다. 어렸을때부터 지금까지 본인이 사랑하는 직업을 갖고 학창시절 딸의 대소사까지 챙기는 슈퍼우먼이었다. 열심히 일을 하다 자유시간이 주어지면 외국어 공부를 하며 자기계발을 하고, 딸과 단둘이 기차여행을 떠나는 낭만이 있는 엄마. 아직은 미혼이지만 가끔 '내가 결혼해서 아이를 낳으면 과연 엄마처럼 살 수 있을까?'생각을 해본다. 나의 삶의 롤 모델이자 인생의 원동력인 엄마, 나 결혼해도 많이 도와주세요. 엄마는 나의 슈퍼우먼 선배님이니까~

김지은 23세/여 대학생

엄마 우리엄마, 나의 기억 속에 엄마는 존경스러움의 대상이다. 내가 23살이 될 때까지 엄마는 아빠의 계속되는 실패에 견디며 열심히 살아오셨다. 내가 8살 때 6층이었던 우리 집 창문으로 물병에 줄을 매달아 내려 보내 주셨던 것이 너무나 기억에 남고 잊을 수가 없다. 또 엄마는 밥을 꼬박꼬박 챙겨 먹는 것을 너무나 중요시했다. 초등학교 때는 아침을 먹지 않고 가면 학교로 찾아오시고 중학교에 올라가서는 학원으로 밥을 싸서 찾아오시고 그래서 나의 친구들은 우리 엄마에 대해 가장 먼저 생각하는 것이 밥일 정도다. 어느 샌가 작아진 엄마를 보면 가슴이 짠하고 아려온다.

조준우 22세/남 대학생

저는 늦둥이입니다. 어머니가 36세 때 그리 적지 않은 나이에 저는 태어났습니다. 원래는 계획에도 없었기 때문이지요. 그렇다고 해서 사랑을 못받은 것도 아닙니다. 제가 어리광도 많이 부렸고 다른 늦둥이들처럼 사랑을 많이 받으며 자랐습니다. 또 사춘기도 딱히 질풍이랄것도 없이 그냥 조용히 지나가고 속도 크게 안썼였습니다. 그래서 저는 그때까지도 마냥 늦둥이라는게 좋은 것인 줄만 알았습니다. 하지만 이제 저는 늦둥이라는게 너무 슬픕니다. 돌아보니 어머니는 너무 힘드셨고 지치셨습니다. 이제까지 두 형제를 홀로 키우시기위해 항상 새벽에 일어나셔서 신문을 돌리시고 낮에는 공장에서 일하셨습니다. 친구분들께서는 벌써 은퇴를 하시고 손주를 보며 노후를 즐기시지만 어머니께서는 아직도 저의 아침을 차려주십니다. 어머니 친구분들은 자식들이 해외여행도 보내주고 용돈을 드리기도 하는데 저는 아직도 어머니에게 용돈을 받고 있습니다. 시간이 야속합니다. 제가 직장을 갖고 넉넉해질 때까지 어머니가 못 기다려주실끼 걱정입니다. 풍수지탄이라는 말을 들으면 제 얘기가 될 수도 있다는 불안함을 느낍니다. 어머니 조금만 더 기다려주십시오. 사랑합니다.

어머니에 대해 **이야기하다**

Mommy's Day

07

엄마라는
이름으로

The real Mommy

Scrap. 07

엄마가 힘들 때, 위로가 되어주는 사람이나
물건이 있다면 그것에 관련된 사진을 붙여주세요.

*Paste a picture that gave strengths to Mommy
when she had hard times.*

Date.   .   .

125

□

매일 아침 일어나면서
무슨 생각하세요?

Mommy, what comes to your mind
every morning when you wake up?

A.

피곤하다,   지루하다,

당당하다,   졸리다,   활기차다,   고단하다,

부담스럽다,   쉬고 싶다,   기분 좋다,   뿌듯하다,

지겹다,   살 맛 난다,   행복하다,   근심스럽다,

만족스럽다,   허무하다,   권태롭다,   짜증난나,

즐겁다,   담담하다,

흥분된다

Date. 20   .   .

한 가지 위대한 일을 이루고자 노력한다면 그것이 불가능하다는 점을 깨닫게 될 것이다.
위대한 사랑을 가지고 작은 일들을 하는 것만이 가능하다.
마더 테레사 (Mother Teresa)

126

☐

나의 엄마가 되는 것이
망설여지지는 않으셨나요?

Mommy, did you ever hesitate
with the thought of becoming my mother?

A.

☐ Yes   ☐ No

☐ 비밀이다

■ 이유는?

Date. 20   .   .

나의 어머니는 한마디에 대하여 글로 표현 하자면 허리케인이다.
그것은 더할 나위 없는 강력한 힘이다.
마야 안젤루 (Maya Angelou)

엄마가 가족을 위해
포기하신 것은 무엇인가요?

Mommy,
is there something you gave up for our family?

A.

128

□

집안일이 가장
고단하다고 느껴질 때가 언제인가요?

Mommy, when do you feel tired and
weary the most with house work?

A.

Date. 20 .   .

가정과 가정생활의 안전과 향상이 문명의 중요 목적이요 모든 산업의 궁극적 목적이다.
C.W. 엘리어트 (C.W.Eliot)

129

□

엄마가 제 첫 외박을
허락했을 때 기분은?

Mommy, how did you feel
when you first allowed me to sleep out?

A.

Date. 20   .   .

가정은 사람이 '있는 그대로'의 자기를 표시할 수 있는 장소이다.
모루아 (A. Maurois)

130

□

엄마가 가족들에게
가장 서운했던 일은 무엇인가요?

Mommy,
when were you most hurt by our family?

A.

Date. 20 . .

사랑은 끝없는 용서의 행위이며, 습관으로 굳어지는 상냥한 표정이다.
피터 유스티노프 (Peter Ustinov)

131

□

엄마가 되기 전과 후,
가치관에 차이가 생겼나요?

*Mommy, have your values changed
before and after the marriage?*

A.

Date. 20   .   .

그 여자가 인생에서 배운 가장 중요한 교훈은
완벽한 어머니의 길은 존재하지 않지만 좋은 어머니가 되는 길은 수없이 많다는 것이었다.
윈스턴 처칠 (Winston Leonard Spencer Churchill)

132

☐

엄마는
지금 행복한가요?

Mommy,
are you happy right now?

A.

가족들이 서로 맺어져 하나가 되어 있다는 것이 정말 이 세상에서의 유일한 행복이다.
퀴리부인 (Maria Skłodowska-Curie)

133

□

엄마로 산다는 것,
힘들지 않나요?

*Mommy, isn't it difficult
to live a life as a mother?*

A.

□ 전혀 힘들지 않다

□ 보통이다

□ 조금 힘들다

□ 매우 힘들다

□ 비밀이다

Date. 20 · ·

이 세상은 자녀를 키우느라 끊임없이 시달려서 정신이 없으면서도
어떻게 이렇게 짜릿하고도 힘든 일이 있을 수 있는지 놀라워하는 여성들로 가득하다.
안나 퀸드랜 (Anna Quindlen)

134

□

엄마는 하루에 어느정도의
돈이 있으면 충분하다고 생각하세요?

Mommy, how much do you think is
enough to live one day?

A.

■ (   ) 원

■ 이유는?

돈은 최선의 종이요, 최악의 주인이다.
프랜시스 베이컨 (FrancisBacon)

135

□ .

현재 아빠에게
가장 바라는 소원이 무엇인가요?

Mommy,
what do you want from father?

A.

Date. 20 . .

성공해서 만족하는 것은 아니다. 만족하고 있었기 때문에 성공한 것이다.

알랭 드 보통 (Alain de Botton)

136

□

엄마로서 가장
아쉽고 후회되는 일이 있나요?

*Mommy, what are the most sad and regretful
things after becoming a mother?*

A.

Date. 20   .   .

신은 어느 곳이나 있을 수 없어서 어머니를 만들었다.
유대인 속담 (Jewish Proverb)

137

□

온전히 엄마를 위해,
지금이라도 도전하고 싶은 직업이 있나요?

Mommy, is there a job you would like to do
for your own benefit and happiness?

A.

□ Yes □ No

■ 어떤 직업을 해보고 싶으신가요?

장래에 희망을 가져라! 그리하여 전진하라.
토마스 에디슨 (Thomas Alva Edison)

138

□

제가 부모가 된다면, 가장 중요하게
생각해야 할 것은 무엇이라고 생각하세요?

*Mommy, what are the most important factors
to remember when I become a parent?*

A.

Date. 20 . .

자식을 기리는 부모야 말로 미래를 돌보는 사람이라는 것을 가슴속 깊이 새겨야 한다.
자식들이 조금씩 나아짐으로써 인류와 이 세계의 미래는 조금씩 진보하기 때문이다.
이마누엘 칸트 (Immanuel Kant)

Talking about My Mommy

전형진 27세/남 대학생

떠올릴 때마다 울컥 눈물이 날 것 같은 '엄마', 이래도 될까 싶을 만큼 천사 같은 우리 '엄마' 젊은 나이에 결혼하신 덕분에(?) 또래 친구들의 어머니보다 젊은 것이 늘 자랑이었던 곱고 예쁜 우리 '엄마'. 그런 엄마도 점점 흰 머리가 생기기 시작하고 때론 무기력해 하는 모습을 보면서 붙잡을 수 없는 시간이 자꾸만 흐르고 있음을 느낍니다. 엘리트코스를 밟아 나가고 있는 것으로 보이던 아들놈이 고등학교 때 우울증으로 아파하는 것을 보면서, 엄마는 얼마나 더 많이 아팠을까? 사회로 뛰어들어 갈 준비를 하는 지금, '어떻게 하면 앞으로 엄마에게 웃는 일만 있게 할 수 있을까?'하는 생각이 무엇보다 큰 원동력이 됩니다. 엄마는 제게 있어 잠재력이자 원동력이며 규범이고 기준입니다. 엄마, 그런 말이 있더라. '잊지 말자. 나는 어머니의 자부심이다!'엄마, 부끄럽지 않은 아들이 될게. 승승장구하고 있지는 못하지만, 성실히 정도를 걸으며 살아가는 자랑스러운 아들이 될게. 외제 차는 아니더라도 엄마 명의로 중형차 사줄 테니까 조금만 기다려줘요^^ 사랑해요!

김지은 23세/여 대학생

엄마 우리엄마, 나의 기억 속에 엄마는 존경스러움의 대상이다. 내가 8살 때 6층이었던 우리 집 창문으로 물병에 줄을 매달아 내려 보내 주셨던 것이 너무나 기억에 남아 잊을 수가 없다. 또 엄마는 밥을 꼬박꼬박 챙겨 먹는 것을 너무나 중요시했다. 초등학교 때는 아침을 먹지 않고 가면 학교로 찾아오셨다. 그래서 나의 친구들은 우리 엄마에 대해 가장 먼저 생각하는 것이 밥일 정도다. 오늘도 일찍 들어가 엄마가 만든 밥을 먹어야겠다.

어머니에 대해 이야기하다

Mommy's Day.

08

내가 알고 싶은
엄마의 생각

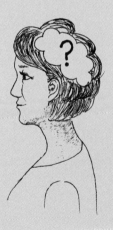

Mommy, what's on your mind?

Scrap. 08

엄마의 보물 1호 사진을 붙여주세요.
*Paste a picture of Mommy's most
precious thing in the world.*

Date.   .   .

139

□

엄마에게
가족이란?

Mommy,
what is family to you?

A.

Date. 20   .   .

가정이란, 어떠한 형태의 것이든 인생의 가장 큰 소망이다.
J.G 홀런드 (J.G Holland)

140

□

인생 선배로서
참고했으면 하는 조언을 해 주세요!

*Mommy, do you have any wise words for me
as a life mentor?*

A.

Date. 20   .   .

> 결국 누구나 어머니의 말씀을 따라 옮기게 된다.
> 번 윌리엄스 (Vaughan Williams)

141

□

엄마!
지금 무슨 생각하고 계세요?

Mommy,
what is on your mind right now?

A.

Date. 20   .   .

인생은 우리가 하루종일 생각하는 것으로 이루어져 있다.
랠프 월도 에머슨 (Ralph Waldo Emerson)

142

□

인생을 살아오면서
가장 행복했던 때는 언제인가요?

Mommy,
when was the happiest moment in your life?

A.

□ 엄마 뱃속	□ 40대
□ 유년시절	□ 50대
□ 10대	□ 결혼 전
□ 20대	□ 현재
□ 30대	

■ 이유는?

Date. 20 . .

인생을 해롭게 하는 비애를 버리고 명랑한 기질을 간직하라.
윌리엄 셰익스피어 (William Shkespeare)

143

□

엄마가
생각하는 '사랑'이란?

Mommy,
what do you think 'Love' is?

A.

Date. 20   .   .

사랑이란 두 사람이 마주보고 있는 것이 아니라 두 사람이 함께 같은 곳을 향하는 것이다.

생텍쥐페리 (Antoine Marie Jean-Baptiste Roger de Saint-Exupéry)

144

□

엄마의 현재의
삶에 만족하시나요?

Mommy,
are you satisfied with your life right now?

A.

□ Yes □ No

■ 만족도는? ( ) 점 / 100점

Date. 20 . .

이 세상에서 가장 행복한 사람은 일하는 사람, 사랑하는 사람, 희망이 있는 사람이다.
조셉 에디슨 (Joseph Edison)

145

□

엄마로서 나이를 먹는다는 것은
어떤 의미라고 생각하세요?

Mommy,
what does 'getting old' mean to you?

A.

Date. 20 . .

나이를 먹었다고 해서 현명해지는 것은 아니다. 조심성이 많아질 뿐이다.
어니스트 밀러 해밍웨이 (Ernest Miller Hemingway)

146

□

엄마의 전성기와
침체기는 언제라고 생각하세요?

*Mommy, when do you think was your
days of glory and days of stagnation?*

A.　　　　　　■ 그래프를 그려주세요

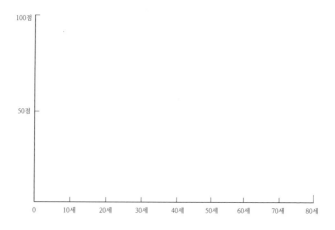

Date. 20　　.　　.

시작이 반이다.
아리스토텔레스 (Aristoteles)

147

□

엄마,
혹시 요즘 걱정거리 있으세요?

Mommy,
do you have any worries these days?

A.

Date. 20 . .

좋은 아내는 남편이 비밀로 하고 싶어 하는 일은
언제나 모른 척 한다. 그것이 결혼 생활의 기본이다.
윌리엄 서머셋 모옴 (William Somerset Maugham)

148

□

엄마 인생에서 가장 두렵고 무서웠던 순간은 언제였고, 어떻게 해결하셨나요?

Mommy, when were you most scared and how did you manage to overcome it?

A.

■ 언제 :

■ 해결 방법 :

Date. 20 . .

절대 어제를 후회하지 마라. 인생은 오늘의 내 안에 있고 내일은 스스로 만드는 것이다.
라피엣 로널드 허버드 (Lafayette Ronald Hubbard)

149

□

엄마도 외롭다고
느껴질 때가 있나요? 언제인가요?

Mommy,
when do you feel lonely?

A.

□   항상

□   혼자 TV 볼 때

□   집에 왔는데 아무도 없을 때

□   이야기 할 사람이 아무도 없을 때

□   기타 :

Date. 20   .   .

희망만이 인생을 유일하게 사랑하는 것이다.
앙리프레데릭 아미엘 (Henri-Frederic Amiel)

150

□

힘들고 지칠 때
무엇으로 마음의 위로를 얻으세요?

Mommy, how do you comfort your weary mind and body at the times of exhaustion and depression?

A.

□   휴식

□   가족과의 시간

□   취미/여가 생활

□   술 한 잔

□   친구(동료)들과의 대화

□   기 타 :

Date. 20   .   .

가정은 나의 대지이다. 나는 거기서 나의 정신적인 영양을 섭취하고 있다.
펄 벅 (Pearl Buck)

151

□

엄마의
MBTI는 무엇인가요?

Mommy,
What is your MBTI?

A.

□ 외향형(E) / 내향형(I)

□ 감각형(S) / 직관형(N)

□ 사고형(T) / 감성형(F)

□ 판단형(J) / 인식형(P)

Date. 20   .   .

가족을 빼고 쓸만한 소재를 생각 할 수 없다. 가족은 다른 모든 사회 영역의 상징이다.
안나 퀸드랜 (Anna Quindlen)

☐

엄마만의 레시피 음식이 있다면?
그 노하우를 알려주세요.

Mommy,
please tell me your secret recipe.

A.

인생이란 누구나 한 번쯤 시도해 볼 만한 것이다.
헨리 J. 틸만 (Henry J. Tillman)

153

□

엄마가 요즘 가장
보람을 느끼는 일은 무엇인가요?

Mommy, what are the things
that make your life the most worth-living these days?

A.

Date. 20 . .

나는 항상 나를 따라 다니는 어머니의 기도를 기억한다.
그 기도는 내 인생에서 늘 나와 함께 하였다.
아브라함 링컨 (Abraham Lincoln)

154

□

엄마는 요즘, 친구들과 만나면
어떤 이야기를 하며 지내세요?

Mommy,
what do you talk about when you meet friends?

A.

우리는 사랑하는 친구들에 의해서만 알려진다.
윌리엄 셰익스피어 (William Shakespeare)

155

□

새롭게 배우거나
공부해보고 싶은 분야가 있나요?

Mommy,
is there a particular area you hope to learn or study?

A.

■ 이유는?

Date. 20   .   .

가장 유능한 사람은 가장 배움에 힘쓰는 사람이다.
요한 볼프강 폰 괴테 (Johann Wolfgang von Goethe)

156

□

엄마에게 한 달간 자유시간이 주어진다면, 무엇을 하실 건가요?

Mommy, if you were to have a break for one month of your own, what would you like to do?

A.

Date. 20 .   .

세계는 변화다. 우리의 인생은 우리의 생각이 결정한다.
마르쿠스 아우렐리우스 안토니우스 (Marcus Aurelius Antoninus)

157

□

다시 태어난다면,
남자 or 여자로 태어나고 싶다?

Mommy, if you were to be born again,
would you want to be a male or a female?

A.

□ 남자　　　□ 여자

■ 그 이유는?

Date. 20 ．　．

모든 남자와 여자의 할 일은 남들을 존경하는 것이다.
레프 톨스토이 (Leo Tolstoy)

158

□

엄마가 그리는 이상적인
가정의 모습은 어떤 건가요?

Mommy,
what is the ideal image of a happy family?

A.

Date. 20 . .

사랑은 우리를 행복하게 하기 위해서 있는 것이 아니라
우리가 고뇌와 인내에서 얼마만큼 견딜 수 있는가를 보이기 위해서 있다.
헤르만 헤세 (Hermann Hesse)

159

□

엄마도 친할머니와
고부갈등이 있었나요? 어떤 것이 문제였어요?

Mommy, did you have trouble with
mother-in-law? What were the problems?

A.

Date. 20   .   .

가족이란 네가 누구 핏줄이냐가 아니야, 네가 누구를 사랑하느냐는 거야.
트레이 파커 (Trey Parker)

160

□

엄마는 명절에
시댁가기 싫을 때 어떻게 했어요?

*Mommy, when you didn't want to go
to the in-laws, how did you sneak away?*

A.

Date. 20   .   .

더 많이 사랑하는 것 외에 다른 사랑의 치료약은 없다.
헨리 데이비드 소로우 (Henry David Thoreau)

161

□

엄마가 무인도에 가게 된다면,
꼭 챙겨 갈 물건은 무엇인가요?

*Mommy, what would you take with you
if you had to go to the desert island?*

A.

■ 1.

■ 2.

■ 3.

Date. 20 .   .

자신의 부족함을 깨달음으로써 충실한 사람이 된다.
아우구스티누스 (Augustine)

162

□

우리 가족에게
엄마가 바라는 소원은?

Mommy,
what do you wish for in our family?

A.

Date. 20 .

자녀들에게는 어머니보다 더 훌륭한 하늘로부터 받은 선물은 없다.
에우리피데스 (Euripides)

163

□

엄마는 우리가
학교에 가면 무엇을 하나요?

Mommy,
what do you do when we go to school?

A.

Date. 20   .   .

쾌락과 궁궐 속을 다닐지라도 아무리 초라해도 내 집과 같은 곳은 없다.

존 하워드 페인 (John Howard Payne)

말은 하지 않았지만,
제 선택을 말리고 싶었던 적이 있나요?

*Mommy, was there anything
you tried to stop me from doing, but did not?*

A.

일을 선택할 때는 자신의 소질과 사회의 수요를 함께 생각해야 한다.
마하트마 간디 (Mahatma Gandhi)

165

□

요즘,
엄마가 존경하는 분이 계신가요?

Mommy,
is there someone you admire these days?

A.

□ Yes □ No

■ 누구인가요?

■ 이유는?

Date. 20 . .

다른 사람을 존경해야 자신도 존경 받을 수 있다.
랄프 W.에머슨 (Ralph Waldo Emerson)

166

□

만약 타임머신을 탈 수 있다면,
언제로 돌아가고 싶으세요?

*Mommy, if you had an opportunity to ride
on a time machine, when would you like to go back to?*

A.

□   아기였을 때

□   초등학교 시절

□   중, 고등학생 시절

□   20대 청춘 시절

□   결혼 전

□   기타 :

Date. 20   .   .

인생은 밀림 속의 동물원이다.
피터 드 브리스 (Peter De Vries)

167

□

엄마 스스로 생각하기에,
엄마의 인생은 몇 점인가요?

*Mommy, if you were to rate your life,
how many points would you give?*

A.

■ (   )점 / 100점

■ 이유는?

Date. 20   .   .

168

□

엄마는 치마가 좋아요?
바지가 좋아요?

Mommy,
do you prefer a dress or pants?

A.

□ 바지   □ 치마

■ 그 이유는?

Date. 20   .   .

어린이는 어른의 아버지이다.
윌리엄 워즈워드 (William Wordsworth)

169

□

누군가의 어머니로서
엄마의 역할은 어떤 것이라고 생각하세요?

Mommy, what do you think is the
appropriate role as someone's mother?

A.

Date. 20 .   .

만일 사랑이 꽃처럼 달콤하다면 어머니는 내가 사랑하는 향기로운 꽃이다.
스티비 원더 (Steve Wonder)

170

□

저에게
제일 미안했던 일은 무엇인가요?

Mommy, when did you feel
most apologetic to me?

A.

Date. 20 · ·

어머니의 마음은 자식의 공부방이다.
H.W.비처 (Henry Ward Beecher)

171

□

엄마도
성형하고 싶은 부위가 있나요?

*Mommy, if you can have one plastic surgery,
where would you do?*

A.

■ (   ) 부위를 (   )하고싶다.

□ 없다. 엄마는 자연미인 할래

덕(德)이 없는 아름다움은 향기 없는 꽃이다.
프랑스 속담 (French Proverb)

172

□

엄마 본인과의
약속을 저버렸던 경험이 있나요?

*Mommy, was there a time
you couldn't keep up with your own promise?*

A.

Date. 20   ·   ·

누구나 약속하기는 쉽다. 그러나 그 약속을 이행하기란 쉬운 일이 아니다.
랠프 월도 에머슨 (Ralph Waldo Emerson)

173

□

엄마도 누군가를
미워해 본 적 있나요?

Mommy,
did you ever hate someone really bad?

A.

Date. 20   .   .

마음은 사람을 맹목적으로 만든다.
오스카 와일드 (Oscar FingalO'Flahertie Wills Wilde)

174

□

그동안 가족들에게
한 번도 하지 못한 말이 있다면?

Mommy, is there something
you could not ever say to our family?

A.

Date. 20   .   .

175

□

엄마도 우리 모르게
편식하는 음식이 있나요?

Mommy,
is there a food that you cannot eat?

A.

Date. 20   .   .

허물이 있다면, 버리기를 두려워 말라.
공자 (Confucius)

Talking about My Mommy

이제범 44세/남 정형외과 의사

어머니께서는 매일 새벽 기도를 다니시며 가정에서도 정해진 시간이면 식탁에 앉아 평생을 우리 가족을 위해 기도하셨다. 그래서인지 내가 어머니라는 단어를 들었을 때 가장 먼저 떠올리는 장면도 어머니의 기도 하시는 모습이다. 일찍 아버지를 여의고 손가락을 접어가며 이사를 다니던 가난하고 힘든 삶에도 불구하고, 내가 끝끝내 의대에 합격했을 때 이 역시 어머니의 간절한 기도 덕분이라고 나는 생각했다. 평생을 '어머니'라는 이름 속에서 산 분이 나의 어머니임을 이제서야 깨달았다. 나이가 들어감에 따라 묻고 싶은 것과 조언을 구하고 싶은 것들은 늘어나지만 궁금한 것들을 물어도 답을 들을 수 없는 지금이 너무 슬프다. 오늘 당장 효도해야 함이 가장 중요하다는 것을 이 책의 독자들에게 알려주고 싶다.

김지원 24세/여 대학생

누구보다 친구 같고 언니 같고 엄마 같은 엄마를 두어서 너무 행복한 딸입니다. 이제 조금씩 엄마의 잔소리가 이해되는 것을 보면 '나도 조금은 나이 들었나 보다.'라는 생각을 해봅니다. 24년간 매일 정성스레 아침을 차려주시는 엄마에게 '나도 매일 아침밥을 해드릴게요'라고 호언장담 드릴 순 없지만 한 달에 한 번이라도 꼬박꼬박 저녁 데이트를 즐기는 것으로 평생 갚아드리고 싶습니다. 제일 맛있는 것, 제일 좋은 것만 주셨던 엄마께 이제는 제가, 제일 좋은 것만 드리고 싶네요. 언제나 든든한 울타리였던 엄마께 이제는 제가 든든한 울타리가 되어 드릴게요. 43살 엄마들 중 가장 매력 있는 우리 엄마, 영원히 사랑합니다.

한주형 34세/여 회사원

나에게 "엄마" 라고 불리던 이름이, 나의 결혼으로써 "친정엄마"라는 또 다른 이름으로 불리게 되었다. 누군가가 나에게 "딸은 시집가면 그때부터 엄마 마음 알고 진짜딸 노릇한다." 고 말했다. 벌써 결혼한지 4년이 되어가고 이제 나도 두 아이의 엄마가 되었다. 출산할 때 제일 먼저 생각나는 사람이 바로 "친정엄마"라 했는데, 나는 철없이 출산의 아픔만 생각하며 병원 찾아 온 엄마에게 감사하다는 인사조차 하지 못했다. 지금도 여전히 사랑하면서 사랑한다고 말 못하고 고마운줄 알면서도 고맙다는 말 한번 건네지 못하고 있다. 하지만 늘 우리 3남매 곁에 있음에 감사한 마음으로 오늘도 투덜거리며 어김없이 출근길에 전화를 건다. 엄마, 우리 고운 이정균 여사님~ 늘 건강하게 제발 오래오래 우리 곁에 있어줘요. 사랑합니다.

최효정 21세/여 대학생

매일 이른 새벽 일어나 분주하게 회사로 출근하시는 엄마. 항상 늦은 밤에 퇴근하시면서도 집안일은 빼놓지 않고 챙기신다. 보기만 해도 지치는 그 일상, 엄마가 하고 싶은 일은 뭐였냐고, 엄마의 꿈은 뭐냐고 물어도 보았지만 엄마는 항상 자신의 인생보다 가족을 더 챙기셨다. 그래서 엄마와는 진로 때문에 가끔 나투거나 서운할 때가 생겨도 결국엔 내가 먼저 죄송하다고 사과를 하게 된다. 나를 위해 삶의 일부분을 바쳐 헌신하며 사는 그 마음을 누구보다 더 잘 아니까. 가끔은 '내가 엄마 같은 엄마가 될 수 있을까?' 생각한다. 그만큼 상상할 수도 없이 큰 사랑을 주시는 엄마. 이제는 내가 엄마의 인생을 위해 같이 달려가는 친구가 되어 드리고 싶다. 엄마, 늘 사랑하고 고맙습니다.

어머니에 대해 **이야기하다**

Mommy's Day.

09

엄마의

BEST

'The Most' Questions to Mommy

Scrap. 09

우리 가족의 가장
행복했던 때의 사진을 붙여주세요.

*Paste a picture of the happiest moment
of our family.*

Date.   .   .

176

□

엄마라서 가장
행복했던 일은 무엇인가요?

*Mommy, what was the happiest event
for being a mother?*

A.

엄마가 된다는 사실을 처음 알았을 때,

자녀가 태어났을 때,

자녀가 처음으로 "엄마"라고 불러줬을 때,

자녀가 첫 걸음마를 시작했을 때,

자녀가 학교에서 상을 받았을 때,

자녀가 첫 월급으로 선물을 사드렸을 때,

자녀가 생기고 매일매일

Date. 20 . .

가정은 어머니에게서 태어난 자녀가 다시 도덕적 인격으로 탄생해야 할 정신적 모태이다.
구스타프포스 (Gustav)

177

□

엄마가 요즘 가장
즐겨 부르는 노래는 무엇인가요?

*Mommy, what kind of songs
do you love to sing these days?*

A.

■ 노래 제목 :

■ 가수 :

■ 좋아하는 이유 :

Date. 20   .   .

표현할 수 없는 것을 표현하는 침묵 후가 음악이다.
올더스 헉슬리 (Aldous Huxley)

엄마가 가장
잘 만들 수 있는 음식은 어떤 건가요?

Mommy, what is one menu
that you can make the best?

A.

Date. 20 .   .

식사를 하는 모습을 보고 그들이 누구인지를 나는 알았다.
칼릴 지브란 (Khalil Gibran)

179

□

살아오면서,
가장 속상했던 적은 언제인가요?

Mommy,
when was the time you were most upset?

A.

Date. 20   .   .

오늘의 하나는 내일의 둘의 가치가 있다.
벤자민 플랭클린 (Benjamin Franklin)

180

□

지금까지 본 영화 중 가장 기억에 남는 영화와 영화 속 장면은 무엇인가요?

Mommy, among the movies you've watched so far, which scene do you like the most?

A.

Date. 20 .   .

인생은 겸손에 대한 오랜 수업이다.
제임스 M. 베리 (James M. Barrie)

181

□

임신 중 가장
먹고 싶었던 음식, 기억나세요?

*Mommy, do you remember the food
you wanted to eat so badly during your pregnancy?*

A.

234

Date. 20 .   .

당신과 내가 할 가장 중요한 일은 우리의 집 울타리 안에 있을 것이다.
헤롤드 비 리 (Harold B. Lee)

182

□

엄마 인생에 가장 큰
도움을 준 한 사람을 꼽으라면?

Mommy, can you pick one person
that helped you the most in your life?

A.

■ 이름 :

■ 이유 :

Date. 20   .   .

인생은 겸손에 대한 오랜 수업이다
제임스 매슈 베리 (James Matthew Barrie)

183

□

엄마가 인생에서 가장
소중하게 생각하는 것은 무엇인가요?

Mommy,
what do you cherish the most in life?

A.

Date. 20 . .

184

□

엄마가 가장
좋아하는 색과 그 이유는?

Mommy,
what is your favorite color, and why?

A.

■   색 :

■   그 이유는?

Date. 20   .   .

사랑을 가지고 작은 일들을 하는 것만이 가능하다.
마더 테레사 (Mother Teresa)

185

□

엄마가 힘이 들 때, 아빠 외에
가장 먼저 생각나는 사람은 누구죠?

Mommy, who comes to your mind
when you are distressed besides daddy?

A.

□ 부모님

□ 친구

□ 가족

□ 첫사랑

□ 선생님

□ 기 타 :

Date. 20   .   .

어머니! 이렇게 부르면 지체 없이 격렬한 전류가 온다.
아픈 전기이다. 아프고 뜨겁고 견딜 수 없는 전기이다.

김남조 (Kim, Namjo)

186

□

엄마의 물건 중 가장
소중하게 생각하는 보물 1호는?

Mommy,
what is the number one treasure to you?

A.

Date. 20 . .

내가 좋아하거나 존경하는 사람들의 공통분모는 찾을 수 없지만,
내가 사랑하는 사람들의 공통 특징은 찾을 수 있다. 그들은 나를 웃게 만든다.

오든 (Auden)

187

□

살아오면서 가장 잘 한
일이라고 생각되는 일은 무엇인가요?

Mommy,
what is the upmost job well done in your life so far?

A.

Date. 20 　.　.

나무는 그 열매에 의해서 알려지고 사람은 일에 의해서 평가된다.
탈무드 (Talmud)

188

□

가장 기억에 남는 가족여행 장소와 그곳에서 있었던 일을 알려주세요!

Mommy, tell me your most memorable family vacation, and what happened there!

A.

Date. 20   .   .

행복하게 여행하려면 가볍게 여행해야 한다.
생텍쥐페리 (Antoine de Saint-Exupery)

189

□

인생에서, 연령대별로
가장 중요하다고 생각되는 점은 무엇인가요?

Mommy, what do you think is the most
important aspect of Life in each generation?

A.

10대에는 　　　　　가(이) 최고이고,

20대에는 　　　　　가(이) 가장 중요하고,

30대에는 　　　　　가(이),

40대에는 　　　　　가(이) 제일 필요하고,

50대에는 　　　　　가(이) 정말 소중하고,

60대에는 　　　　　가(이) 꼭 있어야 한단다.

Date. 20　　.　　.

20대에는 의지, 30대에는 기지, 40대에는 판단이 지배한다.
벤자민 플랭클린 (Benjamin Franklin)

무엇이든 말할 수 있는, 힐링, 행복했으면 하는 사람, 기도, 내 미래의 모습, 자랑, 나를 낳아준 분, 밥 먹을 때 생각나는, 자존감, 내가 보호해야 할 사람, 연약함, 꽃, 집 밥의 1인자, 나를 향한 레이더, 여왕, 외식 메뉴 선정자, 삶의 정답, 우리 집 서열 1위, 봄 같은 여자, 군기반장, 전담 스타일리스트, 베스트 드라이버, 내가 사랑하는 여자, 심리치료사, 나의 아버지가 사랑하는, 인생 선배, 여장부, 에너지, 나를 가장 잘 아는, 매력적인 여자, 세상을 가르쳐 주시는 분, 내 안녕을 빌어주는 사

243

람, 우주 같은 사랑, 평생 효도

"
나에게 어머니란?
"

Mommy Book 온라인 설문조사 中

해야 할, 희생, 보고 싶은, 세상에서 가장 예쁜, 동안 미녀, 독립할 수 없는, 가냘픈 여자, 아픈 모습, 말없이도 무서운, 작은 목소리, 뭐든 같이 하고 싶은, 말괄량이, 약손을 가진 사람, 친절한, 닮고 싶은 존재, 안경을 낀, 원더우먼, 꼬불꼬불 파마, 잠 안 자고 기다려 주는 사람, 취향이 같은 친구, 흰머리, 애틋함, 자매 같은, 같이 여행 가고 싶은, 뜨개질, 가장 큰 존재, 소중함, 나무, 너무나도 그리운, 신비의 존재, 교과서, 존경의 대상, 그림자, 아침 일찍 일어나는, 결정자, 포근함, 통통한, 요리사, 발랄한 여자, 눈물나게 하는, 아빠와 결혼한 사람, 마음을 아프게 만드는 이름, 강한 사람, 다이어트중인, 힘들때 힘나게 하는 사람

Mommy's Day

10

엄마,
그리고 노후

Mommy & the Later-Years

Scrap. 10

꼭 가보고 싶은 곳의 그림이나 사진을 붙여주세요.
*Paste a picture of a place
where Mommy really wishes to visit.*

Date.   .   .

190

□

할머니가 되어서도
꾸준히 하고 싶은 무언가가 있나요?

*Mommy, is there something you would
continuously do even when you become a grandma?*

A.

전원생활 하기,

취미 생활 만들기,   손자들 돌보기,

손자들 재롱 보기,   무언가를 배우기,

여행 나니기,   무조건 쉬기,   손자들 용돈 주기,

여가생활 하기,   운동하기,   친구 만들기,

실버타운 가기,   자녀들에게 용돈 받기

Date. 20   .   .

191

□

엄마,
노후를 보내고 싶은 곳이 있으세요?

Mommy, is there a place you
hope to spend your later-years?

A.

□   큰 도시의 아파트

□   전원주택

□   실버타운

□   자녀와 함께

□   기 타 :

Date. 20   .   .

192

□

'더 늦기 전에,
꼭 해 봐야겠다!'하는 것이 있나요?

Mommy, is there something
that you feel you must do before it's too late?

A.

■ 1순위 :

■ 2순위 :

■ 3순위 :

Date. 20   .   .

도전은 인생을 흥미롭게 만들며, 도전의 극복이 인생을 의미하게 한다.
조슈아 J. 마린 (Joshua J. Marine)

193

□

엄마와 아빠의
노후 계획은?

*Mommy, what is daddy's and
your later-year plans?*

A.

Date. 20   .   .

노년의 젊음, 그것은 비할 바 없는 기회인 것을 비록 차려 입은 드레스만 다를 뿐,
하여 저녁 어스름이 옅어져 가면 하늘에는 별들이 보이지 않는 낮이 가득하다네.
H.W.롱펠로우 (Henry Wadsworth Longfellow)

194

□

엄마가 죽기 전에
꼭 가보고 싶은 곳은 어디인가요?

*Mommy, is there one place that
you would like to visit before it's too late?*

A.

251

Date. 20   .   .

여행은 되돌아 보았을 때에만 매력적이다.
폴 서룩스 (Paul Theroux)

☐

노후에 적어도 몇 명의 친구는
있어야 한다고 생각하세요? 이유는?

*Mommy, how many friends do you think
one should have in his or her later-years and why?*

A.

단란한 가정은 밖에서 보면 견고한 성벽이요, 안에서 보면 훌륭한 보금자리다.
루스 (Ruth)

196

□

저에게 어떤 어머니로
기억되길 원하시나요?

*Mommy, how do you want to be
remembered as my mother?*

A.

253

Date. 20   .   .

197

□

할머니가 돼서
손주에게 바라는 꿈이 있다면?

Mommy,
what would you wish from your grnadchild?

A.

Date. 20 . .

행복한 가정은 미리 누리는 천국이다.
로버트 브라우닝 (Robert Browning)

198

□

엄마는 노후에도
저와 함께 같이 살고 싶으세요?

Mommy,
do you want to live with me in your late-years?

A.

Date. 20   .   .

이 인생에서는 마지막에 웃는 자가 가장 오래 웃는 자다.
존 메이스필드 (John Masefield)

199

□

노후에, 저한테 받고싶은
용돈은 한달에 얼마에요?

Mommy, how much monthly allowance
do you want to receive from me in your later-years?

A.

■ 최소 (   )원 ~ 최대 (   )원

■ 엄마는 돈보다는 (   )가 받고 싶다.

Date. 20   .   .

사랑, 돈, 명성보다는 진실을 내게 달라.
헨리 데이비드 소로우 (Henry David Thoreau)

200

□

만일 오늘이 엄마의
마지막 날이라면 무엇을 하고 싶으신가요?

Mommy, if today was your last day,
what would you want to do?

A.

Date. 20   .   .

긴 인생은 충분히 좋지 않을 수도 있다. 그러나 좋은 인생은 충분히 길다.
벤자민 프랭클린 (Benjamin Franklin)

Only One

마미북 편집팀이 뽑은 유쾌한 질문

Only One

Q. 엄마 제 세뱃돈 얼마나 모였어요?

Q. 엄마 회사는 어디에 있어요?

Q. 엄마가 좋아하는 만화 주인공은 누구예요?

Q. 엄마의 키와 몸무게는 얼마인가요?

Q. 엄마, 저랑 제일 친한 친구 이름을 아세요?

Q. 우리도 집에서 개 키우면 안돼요?

Q. 엄마가 받아본 성적 중에 제일 높았을 때가 언제에요?

Q. 엄마가 생각했을 때, 나는 어디가 제일 예쁜가요?

Only One

Q. 엄마가 제일 아끼는 악세사리는 어떤건가요?

Q. 저는 누굴 닮아서 공부를 못하는 걸까요?

Q. 먹기 싫은 음식은 안 먹으면 안돼요?

Q. 할머니는 어떻게 생겼어요?

Q. 엄마는 왜 내가 배 아프다고 할 때마다 매실청을 주시나요?

Q. 엄마, 부자는 얼만큼 있어야 부자일까요?

Q. 엄마는 요즘 티비에 나오는 노래를 보면 어떤 생각이 드나요?

Q. 초능력이 주어진다면 어떤 능력을 가지고 싶으신가요?

Only One

Q. 아침드라마가 그렇게 재밌어요?

Q. 대형마트 가실 때 저를 왜 그렇게 꼭 데려가려고 하시나요?

Q. 엄마가 용돈을 받는다면 얼마를 받고 싶으신가요?

Q. 엄마가 요즘 제일 좋아하는 드라마는 어떤건가요?

Q. 집안에 엄마만의 비밀 장소가 있나요?

Q. 제가 성형(타투)해서 나타난다면 엄마의 반응은?

Q. 엄마도 '아재개그'가 재미있나요?

Q. 엄마가 들었을 때, 엄마의 하루를 행복하게 할 거 같은 말은?

Only One

Q. 엄마는 언제부터 혼자서 척척 다 할 수 있었나요??

Q. 엄마가 생각하는 제일 간단하고 오래 먹을 수 있는 음식은?

Q. 엄마는 친구들과 만나면 어느 동네에서 주로 놀아요?

Q. 엄마는 돌잔치 때 뭘 잡았어요?

Q. 다이어트를 한다면 몇키로가 되고 싶으세요?

Q. 엄마가 새로 도전해보고 싶은 요리가 있다면 어떤건가요?

Q. 아직도 엄마에게 어려운 일이 있다면?

Q. 엄마, 오늘도 저 기다려주실 거죠? 사랑해요!

Only One

Q. 엄마, 내가 효도할 때까지 오래오래 살거죠?

Q. 엄마, 갖고 싶은 명품 백 있어요?

Q. 엄마는 왜 맨날 TV 켜놓고 주무시나요?

Q. 엄마, 남자는 다 똑같아요?

Q. 엄마 다투고 화해하고 싶을때, 우리끼리 암호로 어떤게 좋을까요?

Q. 제가 첫 월급을 받아서 드리면, 그 돈으로 무얼 하실 건가요?

Q. 엄마는 왜, 주말 아침에도 우리를 일찍 깨우시나요?

Q. 제가 단둘이 데이트 신청을 한다면 엄마는 함께 해주실건가요?

엄마가 보내는 편지

Mommy Book

1판 65쇄 발행 | 2022년 04월 18일

저　자 | 세상에 하나 뿐인 우리 엄마
발행인 | 한승우
발행처 | ㈜ INNOVER KOREA

마 케 팅 | 양혜정
기획편집 | 신수진 강민재 최기운 오채현
북디자인 | 유정화 정태건
일러스트 | 윤수윤
영어번역 | 이지은 Jane Hong
서포터즈 및 설문조사담당 | 곽문실 김지욱 박지선 신다빈 신승희 이길영 이시원 정정희 천홍주

등록
주소 | 서울시 성동구 성수일로 10 402호
전화 | 02-542-1302
팩스 | 02-542-1303
인쇄 | GNC AA EDITION
제본 | GNC AA EDITION

ISBN 979-11-950118-2-7